Gimnasia

Metodología de la Enseñanza de los Ejercicios Básicos.

Juan Carlos Osorio Gómez
Carlos Julio Agudelo Rioja

Editorial Kinesis

Colección Deporte Básico

MODALIDAD PISO

GIMNASIA:
Metodología para la enseñanza
de los ejercicios básicos Modalidad Piso

Juan Carlos Osorio Gómez
Carlos Julio Agudelo Rioja

I.S.B.N.: 958940162-7

Primera edición: Julio 2002

Diseño y Diagramación Electrónica:
Editorial Kinesis
Ilustraciónes:
Carlos Alberto Gómez

Impreso por: Editorial Kinesis
Cra. 25 No. 18-12 Armenia - Colombia
Telefax: (6) 740 15 84 -
Teléfono (6) 740 91 55
E-mail: editorial@kinesis.com.co
www.kinesis. com.co

Impreso en Colombia
Printed inColombia

Hecho el Depósito Legal
en cumplimiento
de la Ley 44 de 1993.
y del Decreto 460 de 1995

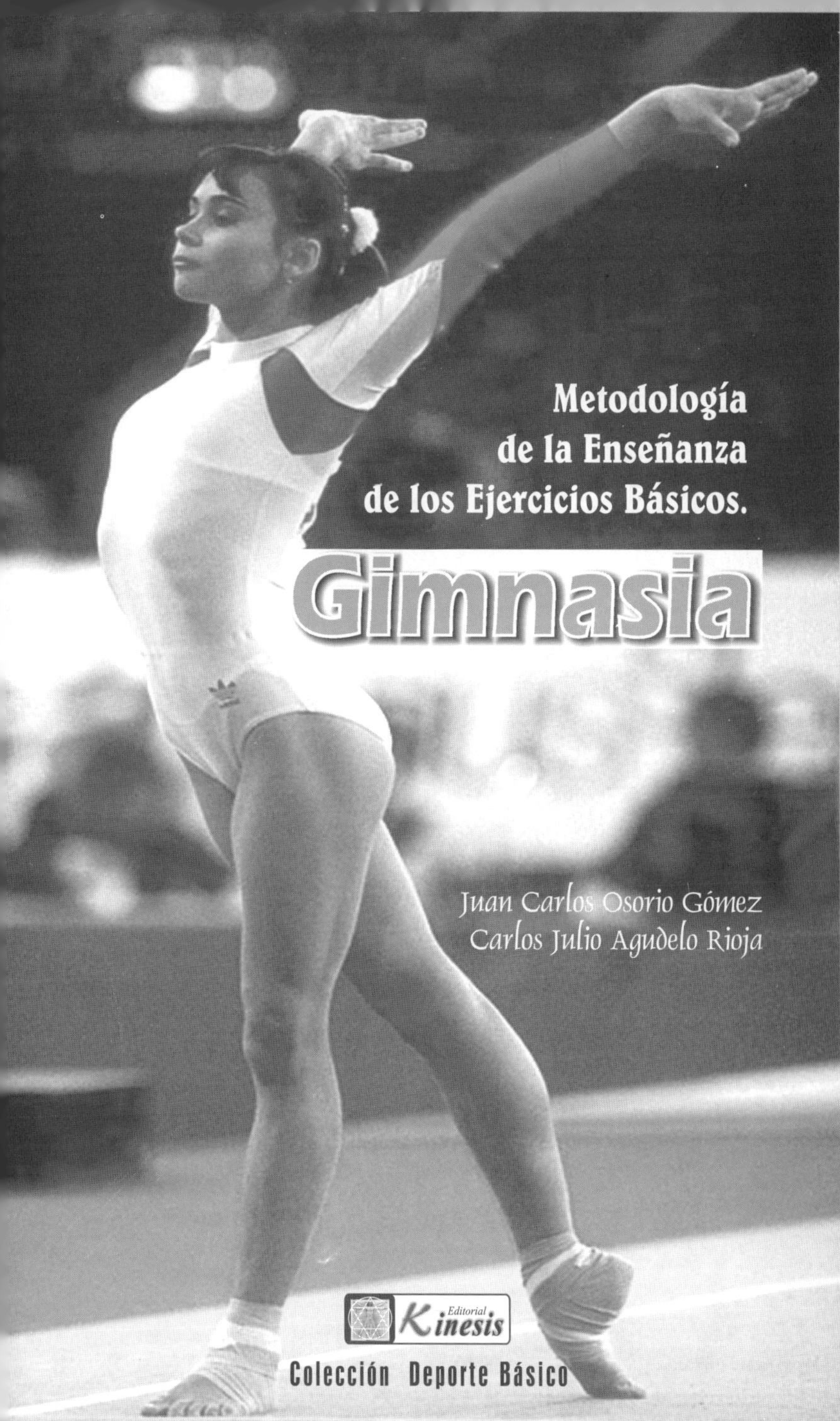

Metodología
de la Enseñanza
de los Ejercicios Básicos.

Gimnasia

Juan Carlos Osorio Gómez
Carlos Julio Agudelo Rioja

Editorial Kinesis

Colección Deporte Básico

MODALIDAD PISO

CONTENIDO

AGRADECIMIENTOS

A la Doctora Marleny Aguirre por su colaboración en la revisión del texto.

Al Profesor Carlos Alberto Gómez, por su colaboración en la ilustración del texto.

PRÓLOGO

La Gimnasia Artística ha sido considerada una práctica deportiva de gran belleza, armonía y virtuosismo, además de ser considerada como uno de los deportes más completos y de mayor exigencia. Las características físicas y artísticas hacen que ésta se convierta en uno de los espectáculos de mayor atracción para el público en general.

Esta es una práctica artístico-deportiva que integra fuerza, flexibilidad y elegancia en formas de movimiento realizadas por el hombre, para vencer la gravedad y las leyes físicas. Así pues, el reducido número de personas que integran la comunidad de gimnasia artística ha generado un lento desarrollo de esta práctica y, por tanto, un escaso número de textos escritos sobre la misma; en el campo de la metodología de la enseñanza de los ejercicios gimnásticos, el material escrito es aún menor.

Conscientes de la escasez de textos-guía para la enseñanza de la gimnasia artística, presentamos un texto teórico en el que los profesionales de la educación física y/o los interesados en aprender la metodología para la enseñanza de los ejercicios gimnásticos en la modalidad de suelo, encontrarán la descripción completa parar llevar a cabo un entrenamiento a todo nivel. Se presentan los ejercicios claramente explicados y detallados para que el lector pueda aprenderlos y practicarlos fácilmente; por cada uno aparece, además de la descripción verbal, una representación gráfica que, a nuestro modo de ver, sirve de apoyo para la comprensión del mismo. De esta manera, buscamos intensificar la práctica de este bello deporte en todo el país.

Además, la mínima producción de material escrito sobre esta temática ha generado, en muchos casos, el desconocimiento de las modalidades, de los aparatos y de las técnicas apropiadas para el desarrollo de esta práctica en todos los niveles (preescolar, básica, media y superior). Es pues esta una guía para que los docentes o los entrenadores de gimnasia en instituciones como jardines, escuelas, colegios, universidades y/o empresas, puedan desarrollar perfectamente el entrenamiento de los ejercicios básicos aplicando una metodología práctica, acorde con el trabajo que se realiza en las ligas del país; de esta manera, estas instituciones podrán conformar equipos que posean las destrezas necesarias para participar en todas las competencias y actividades programadas en esta modalidad.

Cabe anotar que si bien es cierto que la gimnasia exige una dedicación no de uno, ni dos, ni tres, ni cinco sino de doce, quince o más años para obtener un buen nivel de competencia, también exige unos materiales de elevado costo que, en su mayoría, necesariamente deben ser importados. Es por esto último que en esta ocasión hemos escogido la modalidad piso, ya que los implementos necesarios para el desarrollo de las mismas están al alcance de un gran número de personas y de un gran número de instituciones; estos ejercicios se pueden realizar en colchonetas pequeñas, colchones o, incluso, en la misma grama (pasto). Así pues, pueden ser desarrollados en masa, sin que se requiera una inversión muy alta.

En definitiva, esperamos que este texto teórico se convierta en una guía para la realización de ejercicios de gimnasia artística, teniendo en cuenta que este es producto del estudio riguroso sobre la pedagogía y la didáctica de la misma. El desarrollo de los ejercicios presentados permitirá llevar a cabo un trabajo progresivo que conducirá hacia el alcance de grandes metas.

1

HISTORIA

HISTORIA GENERAL DE LA GIMNASIA

La gimnasia se ha desarrollado por muchos siglos, su desarrollo teórico, metodológico tuvo gran importancia en el crecimiento de las demás ciencias. Su trabajo ha influido en la perfección de las formas de las guerras y de su técnica, ya que la gimnasia durante toda su existencia se ha utilizado como medio para la preparación físico-guerrera de los pueblos.

En los países del oriente ya se conocían los ejercicios gimnásticos, y su aplicación para curar enfermedades; en la India se hacían ejercicios para el desarrollo de la respiración; los egipcios y los demás pueblos del caucaso conocían los ejercicios acrobáticos.

Los griegos llamaban gimnasia a todo el sistema de educación física y ellos diferenciaban la educación física general de la juventud, de la preparación física para la competencia. A la educación física general la llamaban gimnasia y a la preparación competitiva: agonística.

La palabra gimnasia proviene de la palabra griega "*gimnos*" que significa desnudo, ya que los antiguos griegos ejecutaban los ejercicios desnudos.

Los romanos fueron los primeros que utilizaron aparatos gimnásticos especiales: como el caballo de madera para la enseñanza de la equitación, la escalera y otros cuya enseñanza era el vencimiento de obstáculos (colectivo autores, 1970, p. 11)

En la era del renacimiento se daba gran importancia a la educación multilateral de la juventud por los humanistas, pues consideraron al sistema griego de educación física como ideal o perfecto. En la gimnasia los humanistas sentaban su base, como medio para el fortalecimiento de la salud y el desarrollo de las fuerzas físicas del hombre.

En los trabajos (libros) de los humanistas, sobresale el médico veneciano "mercuriales", su trabajo llamado "Sobre el Arte de la Gimnasia" compuesto de seis libros, útiles no solamente para los médicos, sino también a los preocupados por la conservación de la salud. Dicho autor dividió la gimnasia en: curativa, militar y atlética.

El conocido acróbata francés Tiukaro escribió el primer manual de acrobacia llamado " tres diálogos sobre los ejercicios de saltos y volteos en el aire" (paris1599). Con esta gran influencia de la acrobacia, ayudó al desarrollo de la gimnasia durante la edad media, dichos elementos acrobáticos se aplicaron en la enseñanza militar.

Una fuerte influencia para el desarrollo de la teoría y práctica de la gimnasia, la realizó Juan Jacobo Rosseau (1712-1778) y sobre todo Pestalozzi (1746-1827).

Rosseau recomendaba para la educación física de los niños la aplicación de distintos juegos y ejercicios que desarrollaran los distintos órganos de los sentidos. En 1763 aparecen las escuelas Filantropinas, donde se daba gran atención a la educación física; el primero en trabajar con la escuela filantropina fue Antonio Fit (1763-1836), su trabajo estaba basado en el desarrollo de la fuerza física, y la rapidez de los movimientos, el desarrollo de la belleza y las formas del cuerpo, conservación y fortalecimiento de la salud, y colaboración para el desarrollo intelectual y la actividad síquica. En 1759-1839 apareció Gutz-Mutz, cuyo objetivo primordial era el fortalecimiento de la salud de los jóvenes de familias instruidas, burguesas y parte de la corte.

Jan (1778-1852) empezó a crear el sistema gimnástico para la juventud alemana. se basó en ejercicios en los aparatos gimnásticos y juegos militares, a su gimnasia Jan la llamaba Turnkuhst (arte de tornear) y a los alumnos turner.

En 1810-1858 Adolfo Schpis adoptó la gimnasia alemana para la enseñanza en la escuela y elaboró la estructura de la clase.

En 1776-1839 Henric Ling comenzó a estudiar la gimnasia en Dinamarca, él consideraba como único fin de la gimnasia el saneamiento y fortalecimiento del organismo, desarrolló el esquema de la clase, seleccionó y sistematizó los ejercicios e introdujo aparatos especiales.

En 1817 Amorós puso las bases de la gimnasia francesa, comenzó a elaborar el sistema gimnástico aplicable a toda la población masculina de Francia, predominaban los ejercicios militares y la utilización de aparatos. (colectivo autores, 1970, p. 12-14)

La máxima autoridad de la gimnasia es la (FIG) Federación Internacional de Gimnasia fundada en 1881, quien encabeza la realización de las competencias internacionales de gimnasia deportiva. Dichas competencias se realizan cada 4 años.

HISTORIA DE LA GIMNASIA ARTÍSTICA EN COLOMBIA

Hacia el año de 1.940, llegó a Colombia la comunidad Salesiana, y con ella el Sacerdote Italiano, padre Mosser quien traía todo el conocimiento sobre la Gimnasia Sueca y Alemana, el padre se radicó en Bogotá en el Salesiano León XIII donde dejó plasmado todo ese conocimiento sobre el movimiento de la gimnasia traído de Europa, dirigiendo grupos de jóvenes de excelente calidad.

En 1.946 con la realización de los juegos Bolivarianos en la ciudad de Barranquilla (Col) llegó a nuestro país procedente de Argentina el señor Jorge Carranza quien conocía perfectamente la metodología del entrenamiento y el trabajo en los aparatos, preparando al equipo nacional para dicha competencia. Su lugar de entrenamiento era la Universidad Nacional de Bogotá donde los fines de semana se reunían todos los practicantes de dicha disciplina.

Hacia el año de 1.954 llegó al país, a través de los llamados cuerpos de paz, el Profesor norteamericano Charles Pons, quien se radicó en la capital y conformó equipos en la rama masculina y femenina y enseñó las técnicas y metodologías de los ejercicios gimnásticos en los 4 aparatos femeninos y 6 masculinos, conformando así el primer equipo nacional con estudiantes en su mayoría de la Universidad Pedagógica y Universidad Nacional.

En estos equipos participaron: Cenen Agudelo, Jorge Riveros y Víctor Sánchez, quienes prácticamente fueron los primeros y mejores gimnastas del país.

De 1.955 a 1.965 se realizaron campeonatos nacionales sobresaliendo gimnastas de Boyacá por su excelente trabajo en anillos y en barra fija ejecutando ejercicios de gran dificultad, como el Cristo Invertido en anillos y el Águila en barra fija, se destacaron Rafael Paez y Víctor Cano.

También sobresalieron los equipos de Cundinamarca y Valle, quienes tenían figuras como Jorge Pontón de un excelente nivel técnico.

De 1.965 a 1.969 se realizaron más eventos Nacionales en Bogotá, Valle y Caldas donde sobresalieron gimnastas como: Henry Ospina, en mujeres; Patricia Varela, Isabel Agudelo y otras.

En 1.970 con la realización de los juegos nacionales en la ciudad de Ibagué (Col), la gimnasia inició su gran desarrollo y avance técnico, ya que Coldeportes había traído al país al profesor Japonés JUNSUKE IWAI, de una gran trayectoria, quién utilizo los nuevos sistemas de entrenamiento seleccionando a gimnastas del Valle como: Henry y Harold Orozco, Carlos Iglesia y Ramiro Saavedra, Patricia Varela y Consuelo Gómez. y de Bogotá: Oscar Barbosa, Jorge Rodríguez, Héctor Alemán, Fernando Ángel, Rosa Ruiz, Nelly Perdomo, Liliana Tello y por Tolima Isabel Agudelo. Dichos equipos se prepararon para los juegos panamericanos de Cali (Col) en 1.971, pero por problemas de indisciplina no pudieron participar.

En 1.972 Colombia participó en los juegos Bolivarianos de Panamá obteniendo dos medallas de Bronce, una por equipos y otra en arzones con el gimnasta Fernando Ángel.

En 1.973 se participó en los juegos Centroamericanos obteniendo una medalla de plata por equipos en masculino, siendo entrenador el profesor JUNSUKE IWAI en este mismo año llegó a Cali el entrenador Japonés KATSUNORI HORI técnico de amplios conocimientos, quien desarrolló un alto nivel con gimnastas del Valle (rama masculina).

En 1.975, Colombia participó en los juegos Panamericanos de México con 3 gimnastas hombres; desde ese año y hasta 1.999 Colombia ha participado en el ciclo olímpico. En 1999 Colombia participó en los Juegos Panamericanos obteniendo resultados importantes con el gimnasta Jorge Hugo Giraldo, una medalla de plata y una de bronce en paralelas y arzones respectivamente. Siendo esta participación una de las mejores actuaciones de Colombia en su historia.

Al país han llegado entrenadores de excelente conocimiento técnico sobre la gimnasia como el profesor chino LOU SONG WAN quien trabajó para la Liga de Gimnasia de Bogotá y generó un gran desarrollo técnico y un alto nivel en la rama femenina. Luego vendrían más técnicos a las ligas del Valle, Antioquia y Bogotá. El último extranjero que estuvo en Colombia fue el profesor Ruso VLADIMIR KUSMIN, quien trabajó para la Liga del Valle realizando una gran formación a la gimnasia básica femenina.

En Octubre de 1.999, Colombia participó con 5 gimnastas masculinos y 2 femeninos en el campeonato mundial de gimnasia realizado en TIANJIN-CHINA, sobresaliendo el gimnasta Jorge Hugo Giraldo.

2

POSTURAS BÁSICAS

POSTURAS BÁSICAS GIMNÁSTICAS

Las posturas básicas constituyen el punto de partida para la realización de todo entrenamiento gimnástico, ya que de ellas depende el éxito en el aprendizaje, el desarrollo de técnicas apropiadas y la generación de destrezas. Así pues, con ellas se comienza un proceso que va dirigido hacia el perfeccionamiento de las expresiones gimnásticas, lo que llevará a un alto nivel de competitividad y un espectáculo artístico atractivo no sólo para los jueces en una competencia, sino para el público en general.

METODOLOGÍA

- Desde la posición de cúbito dorsal, elevar los brazos tratando, en lo posible, de que estos pasen por detrás de las orejas; luego, realizando una tensión general de los músculos del tronco y las piernas, producir ángulos en lo posible de 15° entre el suelo y el cuerpo, dejando solamente en apoyo la parte lumbar de la espalda.

- Desde la posición de cúbito abdominal, realizar el mismo ejercicio apoyando la palma de las manos y el dorso de los pies; esta posición se debe mantener por algún tiempo determinado y, para asegurarse de que esté bien realizada, se debe aplicar una fuerza contraria sobre el dorso del gimnasta.

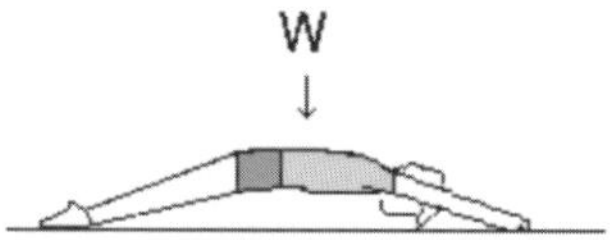

VARIANTES DE LAS FIGURAS UNO Y DOS

Aplicar fuerzas contrarias y buscar cambios de apoyo. Ejemplo: antebrazo y dorso.

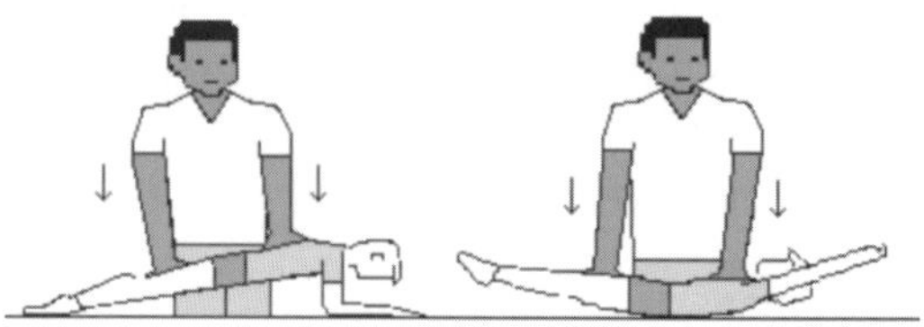

POSTURAS BÁSICAS GIMNÁSTICAS CON MAYOR GRADO DE DIFICULTAD

Estas posturas permiten que el gimnasta mejore su técnica, además de que pueden ser utilizadas también como preparación física.

METODOLOGÍA

- Utilizando la postura básica, el entrenador toma los pies de su gimnasta y eleva el cuerpo sin que éste dañe la postura; se repite el ejercicio en varias oportunidades y como variante se debe tratar de que su gimnasta desplace el hombro adelante y atrás, sobrepasando los 90°.

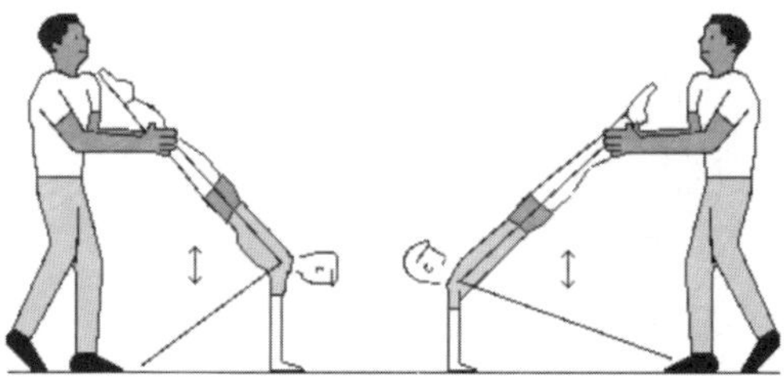

- En la posición invertida, el entrenador deja caer al gimnasta muy lentamente tratando, en lo posible, de que él conserve la postura, llevándolo lo más cerca del suelo, aproximadamente hasta lograr un ángulo de 15°. Se debe realizar este mismo ejercicio en sentido contrario.

3

CALENTAMIENTO

CALENTAMIENTO

Se denomina calentamiento al conjunto de ejercicios previos al desarrollo de las sesiones de entrenamiento o de las competencias; generalmente, el gimnasta prepara su organismo para un funcionamiento eficaz durante el esfuerzo principal, evitando así la acumulación de productos de desecho en los tejidos durante la realización del entrenamiento.

A través del calentamiento se busca dar cumplimiento a los siguientes objetivos fundamentales o leyes universales del mismo:

- Preparar el sistema neuromuscular para la tensión y la carga que exigen los ejercicios gimnásticos.
- Ayudar a la prevención de lesiones y preparar al gimnasta física, fisiológica y psíquicamente para el comienzo de una actividad más intensa que la normal; es decir, para un entrenamiento o un esfuerzo superior en caso de competición.
- Restablecer la movilidad de las operaciones psicomotoras.

El calentamiento es realmente importante ya que fisiológicamente debe estar a punto para realizar altos esfuerzos, y es una manera de prepararse para éstos. Así pues, se debe hacer calentamiento ya que:

- Mejora la disposición neuromuscular para alcanzar

un buen rendimiento.

- Disminuye el peligro de lesiones.
- Permite que el organismo pase por una serie de modificaciones que aseguran un aporte de oxigeno, de materias nutritivas y un funcionamiento metabólico óptimo.
- Genera una actitud mental adecuada para el entrenamiento.

Ahora bien, se debe tener en cuenta que para la práctica de la gimnasia el calentamiento debe considerar dos sesiones: una general y otra específica.

CALENTAMIENTO GENERAL

Se realiza a través de carreras suaves y ejercicios que involucren grandes masas musculares en un sentido en general.

El Calentamiento General debe tener una duración de 20 a 25 minutos y debe parecer una sesión de entrenamiento; se realizan ejercicios, limitados en repeticiones y distancias.

Si el calentamiento es bien realizado, este produce en el organismo efectos variados y positivos, aumentando el rendimiento durante la parte principal del entrenamiento o de la competencia. A través de éste se genera:

- Aumento de la temperatura corporal
- Aumento de la frecuencia cardiaca
- Aumento de la presión sanguínea
- Disminución de la viscosidad muscular
- Intensificación de la Respiración
- Liberación de la glucosa por efecto de la circulación
- Aumento de volumen sistólico
- Dilatación de las arterias y capilares que suministran sangre a los músculos.

EJERCICIOS GENERALES

Elevacion de rodillas

Rotacion de brazos

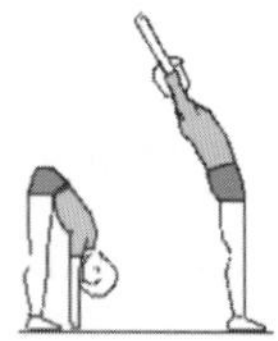

Inclinacion de tronco adelante - atras

Abdominales

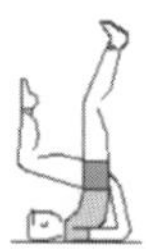

Bicicleta

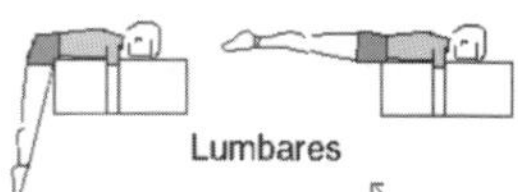

Lumbares

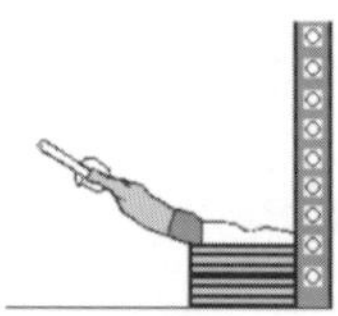

Dorsales

Trote

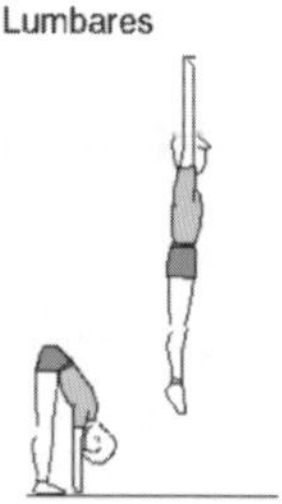

Salto arriba

CALENTAMIENTO ESPECÍFICO

El Calentamiento Específico se puede definir con una práctica mística a desarrollar, como preparación a la sesión de flexibilidad; es un tiempo que toma el gimnasta para avisar a todos los músculos que en unos instantes van a trabajar muy fuerte. Exigen bastante cuidado y atención porque en esta fase, si no se es consciente, se pueden producir lesiones graves.

Una vez calentado todo el cuerpo en general, se puede pasar a estirar los músculos y los tejidos fibrosos para mejorar la movilidad articular, con el objetivo de lograr el máximo rango de las articulaciones.

EJEMPLOS

Tensión-relajación, movilidad articular, rotaciones, circunducciones.

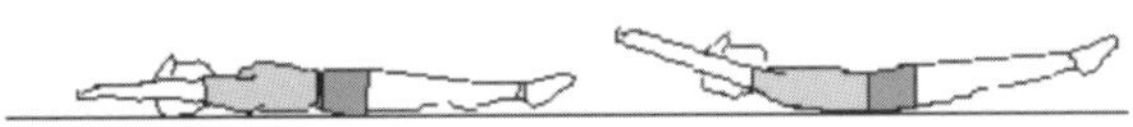

Relajacion Tension (Postura)

Extension de tendones

Movilidad articular

FASE DE ESTIRAMIENTO

Después del calentamiento general y específico se recomienda realizar la fase de estiramientos como preparación a ejercicios más complejos.

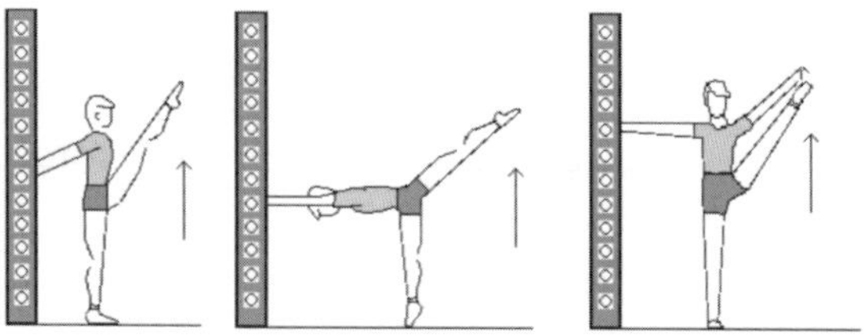

FASE DE CALENTAMIENTO INDIVIDUALIZADO

En esta fase el gimnasta es consciente de estimular y/o calentar muy bien aquellos músculos con los que tenga dificultad, para que en la fase de desarrollo de la flexibilidad no se generen complicaciones de tipo articular y/o evitar que se produzca una lesión.

Ejemplo:

abducciones, aducciones, lanzamientos de piernas, preparación física.

- Leve ampliación del rango o ángulo articular

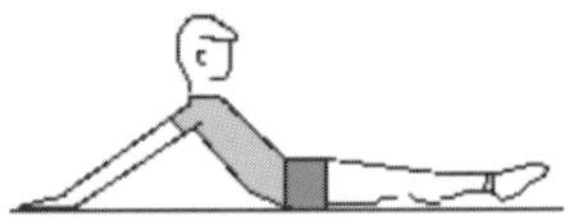

- Preparación física leve, estimulación de regiones o grupos musculares.

- Lanzamientos de piernas

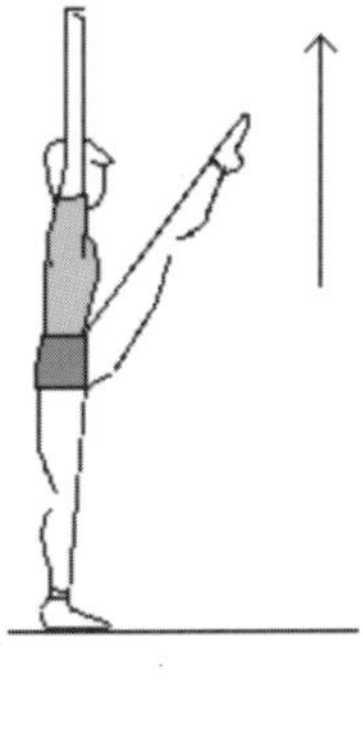

4

FLEXIBILIDAD

DESARROLLO DE LA FLEXIBILIDAD

Antes habría que decir que la flexibilidad dentro de la práctica de este deporte, juega el papel más importante para el desarrollo de un gimnasta; de ella depende la técnica de los movimientos y con una gran técnica aseguramos que ningún gimnasta mas adelante tendrá deducciones en la ejecución de sus ejercicios.

En el desarrollo de la flexibilidad aparecen factores que determinan la conciencia y la constancia de un gimnasta, como el dolor, como consejo personal, ya que hemos pertenecido a este deporte por muchos años, sabemos que sin flexibilidad es poco lo que un gimnasta puede avanzar y además se le dificultará alcanzar las metas que se ha propuesto para la preparación de sus ejercicios.

Para el desarrollo de la Flexibilidad es necesario trabajar en dos fases:

DINÁMICOS

Consiste en aprovechar el momento creado por la extremidad con su movimiento de balanceo; se recomienda que este tipo de ejercicios se realicen como calentamiento para la fase de flexibilidad pasiva porque son movimientos realizados con velocidad, en los que se aprovecha la acción de una fuerza aplicada para mejorar la movilidad articular.

VISTA AEREA

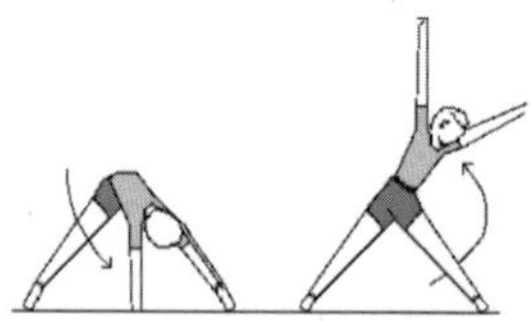

ESTÁTICOS

ESTIRAMIENTO ESTÁTICO ACTIVO

El propio gimnasta aplica la fuerza sobre el grupo muscular seleccionado y continúa ejerciendo dicha fuerza hasta el máximo de su capacidad, manteniendo esta postura entre 15 y 30 segundos.

ESTIRAMIENTO ESTÁTICO PASIVO

En este caso el entrenador o un compañero es quien aplica una "Fuerza Controlada" sobre el grupo muscular seleccionado por el gimnasta y la mantiene entre 5 y 15 segundos.

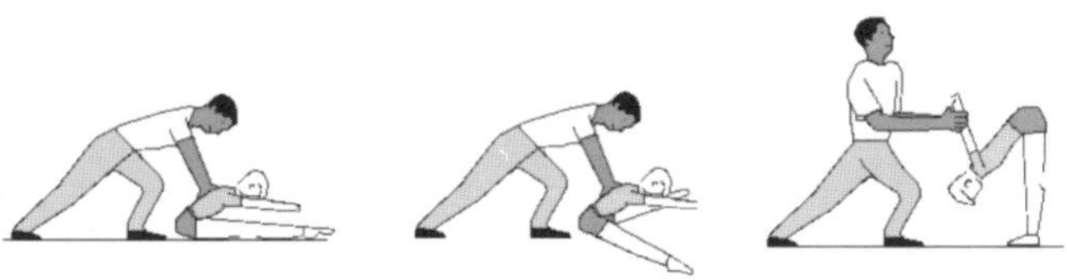

ESTIRAMIENTO ESTÁTICO DE FACILITACIÓN NEUROMUSCULAR PROPIOCEPTIVA (FNP)

Consiste en que el entrenador o un compañero estira el músculo al máximo y lo mantiene durante 5 segundos; inmediatamente, el gimnasta intenta contraer el músculo sobre el cual se está trabajando y mantiene esta contracción entre 5 y 10 segundos; luego, en relajación el gimnasta mantiene su posición entre 6 y 10 segundos; después de esto, se repite el ejercicio, intentando en las siguientes repeticiones aumentar el nivel de flexibilidad.

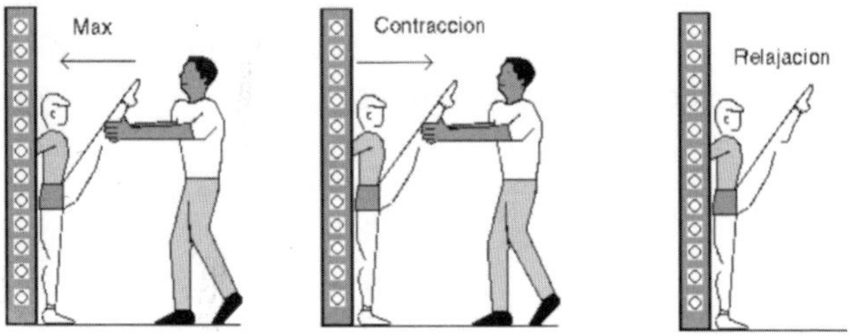

Es indispensable dentro del trabajo del desarrollo de la flexibilidad, la utilización de materiales que amplíen más el rango de movimiento de las articulaciones y permita que los músculos puedan ceder más de lo normal. En las siguientes gráficas se encuentran algunas ideas.

5

FUERZA

DESARROLLO DE LA FUERZA

Es la capacidad del organismo para efectuar una fuerza por una contracción voluntaria, frente a una resistencia insuperable con la mayor carga (peso) posible.

La fuerza del gimnasta depende de dos factores:

- Del impulso nervioso que ordena la actividad muscular
- De la fuerza de contestación del músculo.

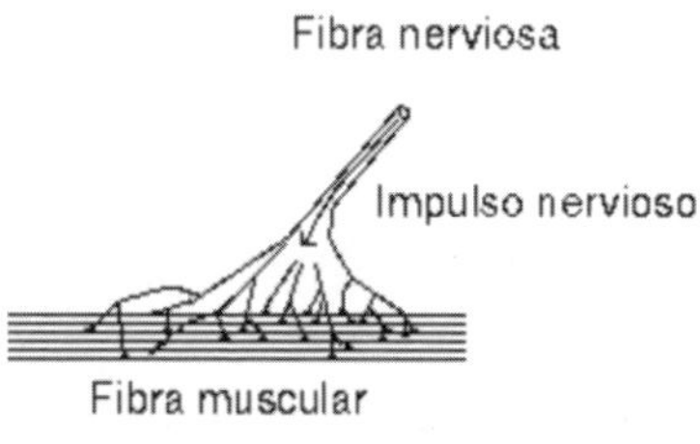

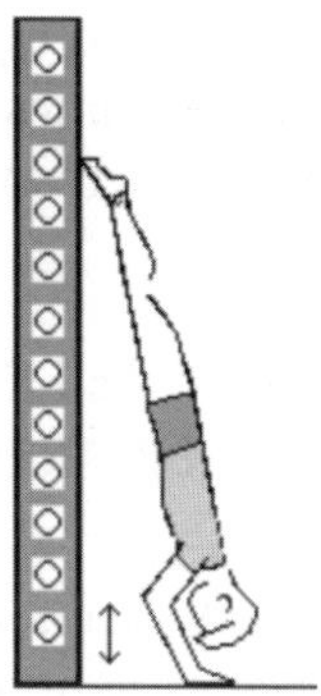

EL IMPULSO NERVIOSO

Representa el principal factor a través del cual se realiza un grado diferente de tensión del músculo. Se obtiene por:

- Inclusión en la acción de un número diverso de unidades funcionales neuromusculares

- Modificación de la frecuencia de los impulsos salidos de los centros nerviosos motores.

LA FUERZA DE CONTESTACIÓN DEL MÚSCULO

Esta depende de:

- La dimensión de la superficie de la sección fisiológica del músculo,
- Su longitud (largo)
- Las estructuras particulares de las fibras musculares (fibras tónicas de fuerza o fibras básicas de velocidad).

Hablando sobre fuerza debemos tener en cuenta la diferencia entre fuerza general y fuerza específica. La *fuerza general* es la fuerza del sistema muscular en su totalidad y la *fuerza específica* es la fuerza de ciertos grupos musculares correspondientes a la estructura de los movimientos de cada deporte.

EJEMPLOS DE EJERCICIOS PARA EL DESARROLLO DE LA FUERZA GENERAL

- Flexión de los dedos de la mano: Ejercitación de las acciones de flexión de los dedos de las manos sobre una pelota de tenis o material elástico.

- Flexión en la articulación del codo: Acostado de cubito abdominal sobre un plano inclinado, flexión y extensión de los codos.

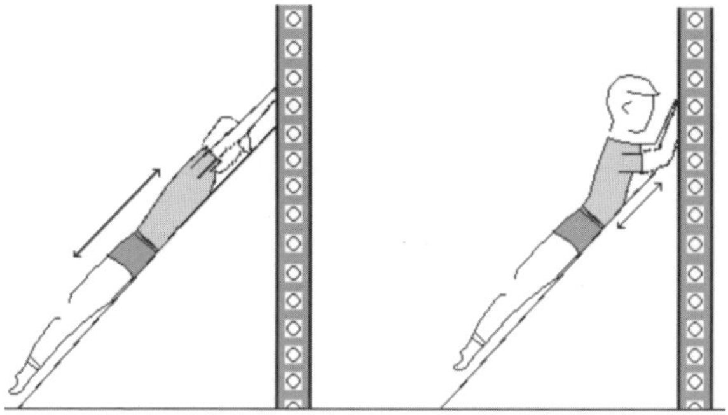

- En suspensión, con apoyo de uno de los compañeros y con el cuerpo extendido al nivel de la cadera, realizar flexión y extensión de los codos.

- En la posición de cúbito abdominal, realizar flexiones de la articulación del codo, sin perder la tensión muscular y la postura gimnástica.

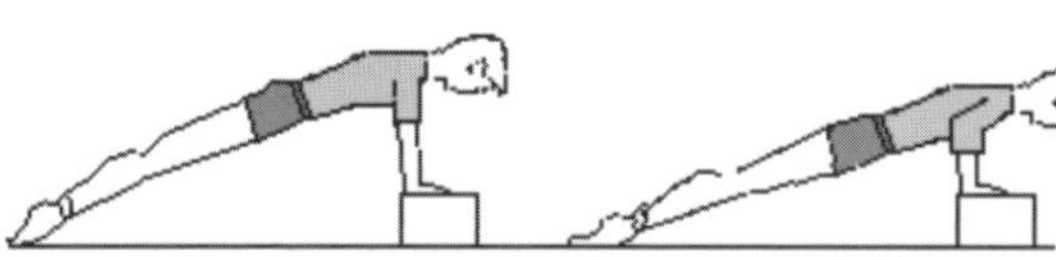

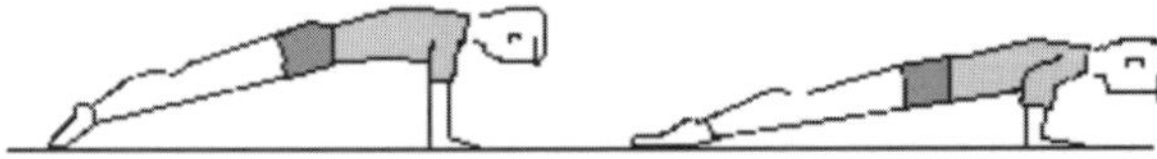

- En la posición de cúbito dorsal, con los brazos arriba, preferiblemente pasando por detrás de las orejas y con flexión de rodillas, pasar a la posición sentado, tratando en lo posible de que la planta de los pies se despegue del piso.

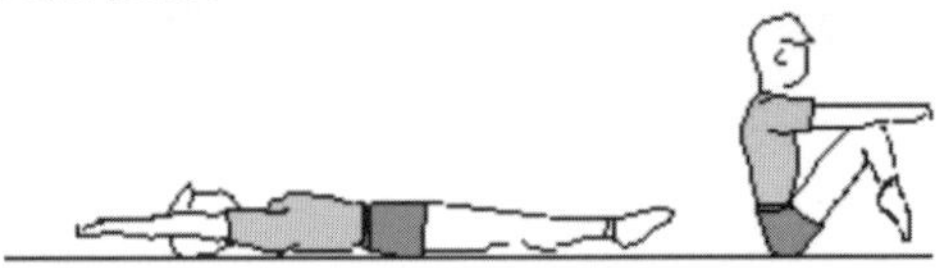

- Flexión de la articulación de la cadera (abdominales): En suspensión, flexión y extensión de la articulación en contra de la gravedad.

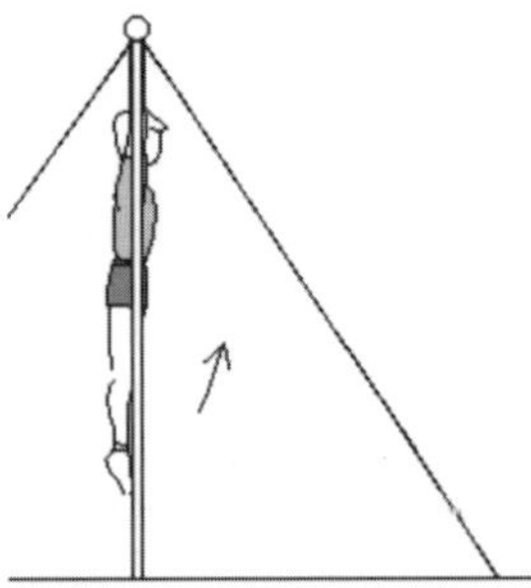

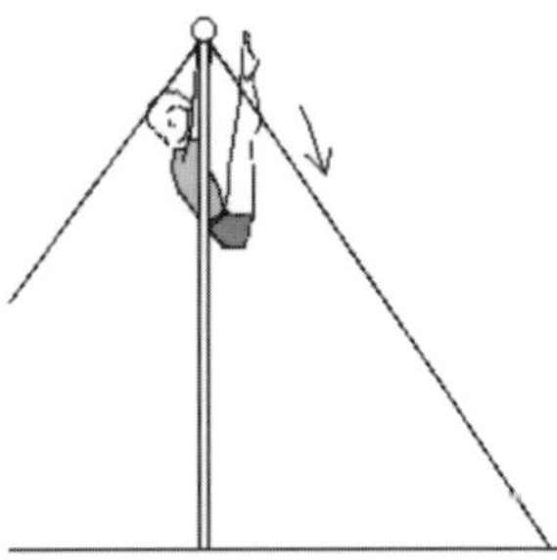

- Ejercicios para la región dorsal y lumbar de la espalda (Musculatura Posterior): en la posición de cúbito abdominal, realizar una tensión (postura básica); levantar a 15 grados del suelo, los brazos, tronco y pies (4x10) realizarlo en repetidas ocasiones.

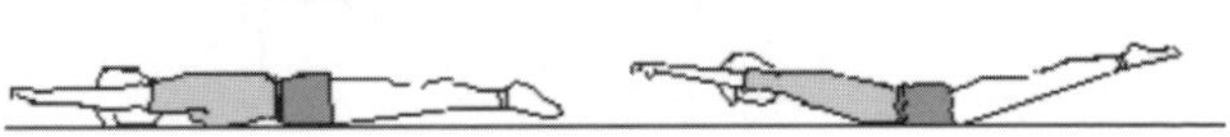

- En la posición de cúbito abdominal sobre el extremo del caballete o cajón sueco, realizar flexión y extensión de la articulación de la cadera, en forma de pateo. Y sobre un arrume de colchonetas elevación del tronco.

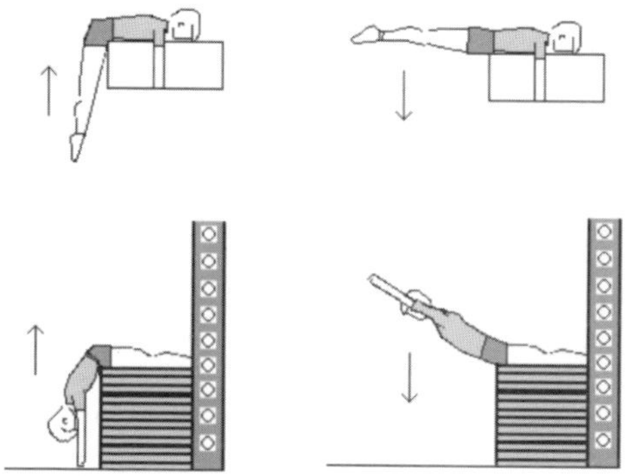

- Extensión y flexión de las rodillas: Sentadilla sobre ambas piernas y sentadilla sobre una pierna, con ayuda del compañero.

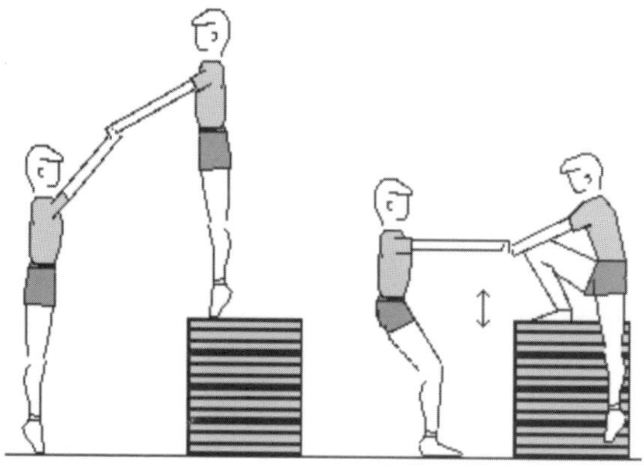

- Elevación sobre puntas de los pies.

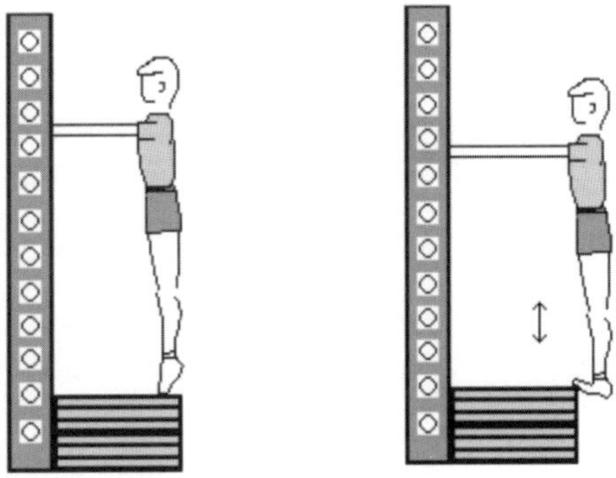

Saltar sobre cajones.

Saltar por encima de obstáculos.

Nota: iniciar a 25 cm y aumentar la altura progresivamente.

- Saltar el lazo o cuerda.

EJEMPLOS DE EJERCICIOS DE FUERZA ESPECIAL

- Desde la posición de sentado con las piernas juntas, mantener en la posición de escuadra cinco segundos. (Repetir series).

- Desde la posición sentado con las piernas separadas, mantener cinco segundos. Repetir series.

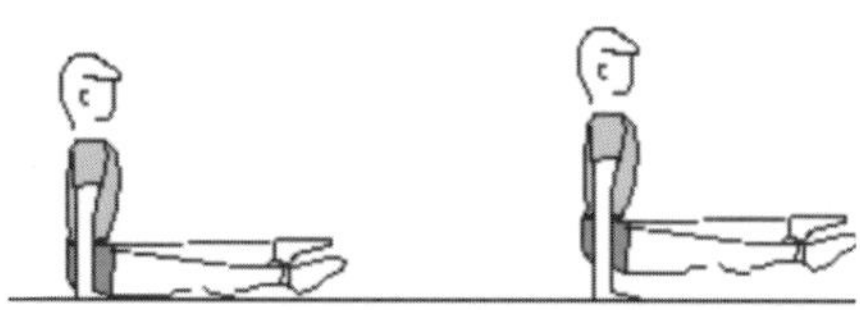

- Este ejercicio se puede hacer frente a la pared para que la espalda conserve su postura y se facilite la elevación de las piernas.

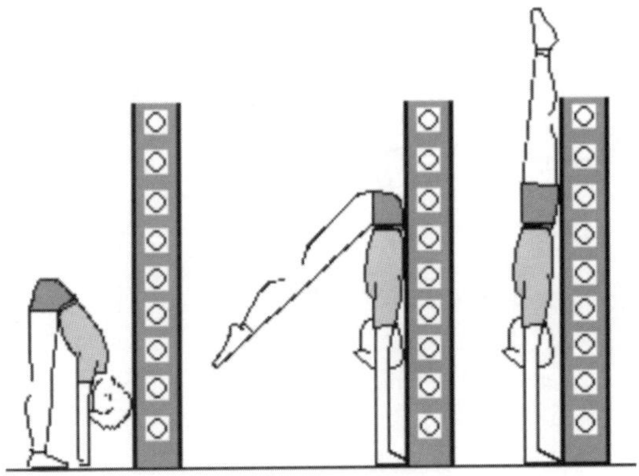

Desde la posición de pie con las piernas separadas al ancho de los hombros y apoyo de manos al piso, levantarse a posición invertida manteniendo la separación de las piernas.

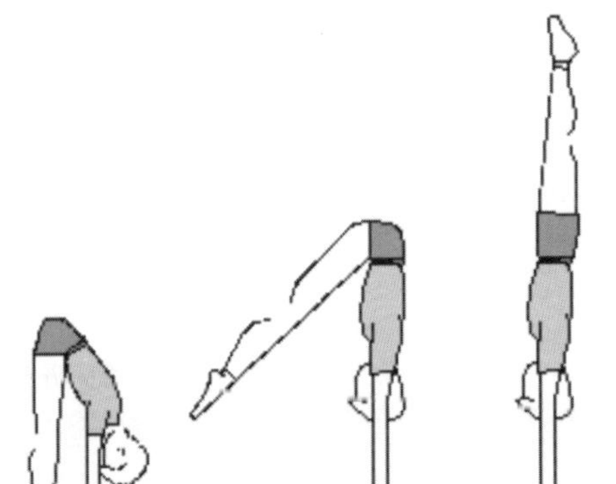

Nota: Ver más opciones en Preparación Física

6

EJERCICIOS GIMNÁSTICOS

DESARROLLO TÉCNICO DE LOS EJERCICIOS GIMNÁSTICOS

ROLLOS

ROLLO ADELANTE

DESCRIPCIÓN

Corresponde a una posición flexionada, en todas las articulaciones, oprimiendo las piernas contra el cuerpo y rodando por la espalda de la cabeza a la cola.

METODOLOGÍA

- Sentado en el suelo (sobre colchonetas) iniciando desde la posición sentado, flexionar las rodillas y acercarlas al cuerpo.

Editorial Kinesis

Ϋ Realizar balanceos del cuerpo adelante–atrás en posición flexionada.

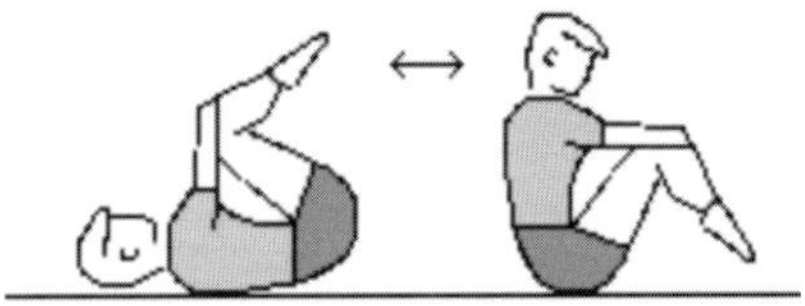

Ϋ Desde posición en cuclillas, manos apoyadas en el piso al ancho de los hombros, apoyando la nuca rodar al frente.

Ϋ El anterior ejercicio pero en un plano inclinado.

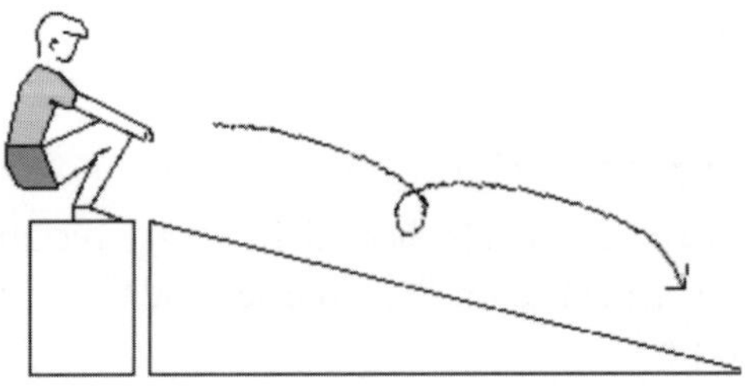

DESCRIPCIÓN

Es un elemento básico que consiste en realizar una flexión completa de todas las articulaciones y apoyando las manos en el piso cerca de las orejas, rodar por la espalda de la cola a la cabeza.

METODOLOGÍA

- Desde la posición cuclillas rodar hacia atrás apoyando las manos, el cuerpo agrupado y regresar a posición inicial.

- Desde la posición de cuclillas sobre un plano inclinado rodar atrás, apoyando las manos en el piso hasta llegar a la posición de pie.

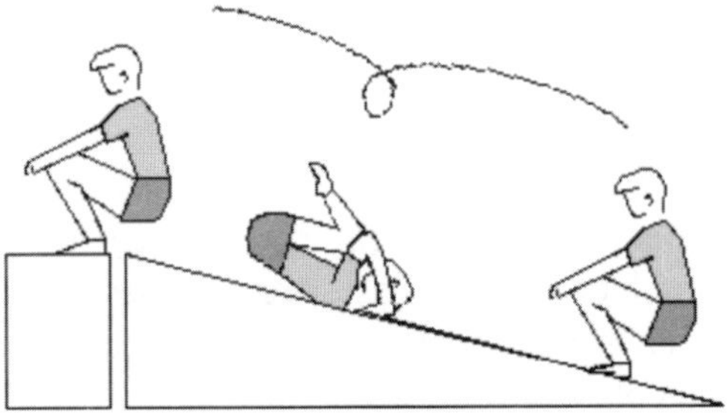

- Desde cuclillas, realizar volteo atrás con ayuda. El compañero se sitúa al lado y en el momento de voltear, le toma por la cintura y le ayuda a levantarse.

- Desde posición cuclillas, rodar hacia atrás, apoyando las manos en el piso con flexión de codos por detrás de la cabeza.

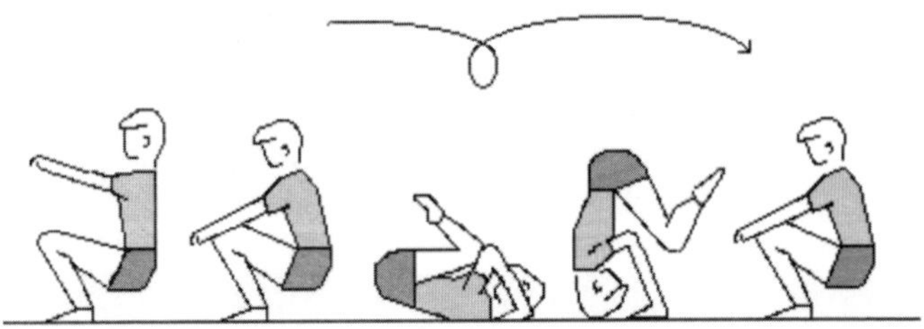

POSICIONES INVERTIDAS

EN TRES APOYOS

DESCRIPCIÓN

Desde hace mucho tiempo se ha conocido este movimiento como parada de cabeza, y consiste en mantener la posición invertida en tres apoyos que son la cabeza y las palmas de las manos.

METODOLOGÍA

- Realizar la posición de 3 apoyos, cuerpo flexionado (agrupado) piernas separadas y flexionadas apoyadas sobre los codos, para iniciar este aprendizaje.

- Luego extender las piernas hacia arriba logrando una posición adecuada que conserva la línea de extensión de las rodillas.

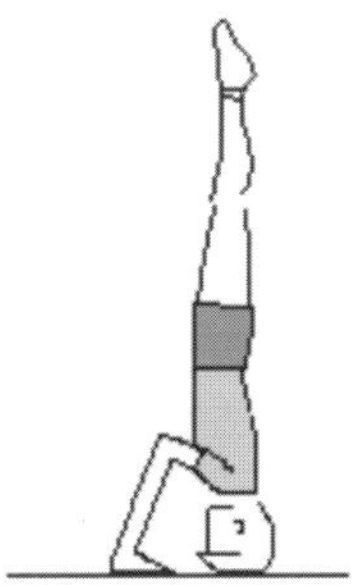

- Realizar este mismo movimiento pero desde una posición inicial utilizando un pequeño impulso.

EN DOS APOYOS

DESCRIPCIÓN

Siempre se ha conocido este movimiento con el nombre de parada de manos y consiste en mantener por algunos segundos la posición invertida, utilizando sólo el apoyo de la palma de las manos. Una buena ejecución de este movimiento es base fundamental para el aprendizaje de la mayoría de los elementos gimnásticos.

METODOLOGÍA

- Realice una progresión de la posición anterior pero apoyando las manos en el suelo y con extensión de los codos utilizando un pequeño impulso logrando que las piernas se despeguen del suelo y en lo posible suspenderlas por un tiempo, antes de volver a tocar el suelo.

Utilizando la pared con ayuda realice la posición invertida tratando de que toda la superficie del cuerpo se apoye contra ésta.

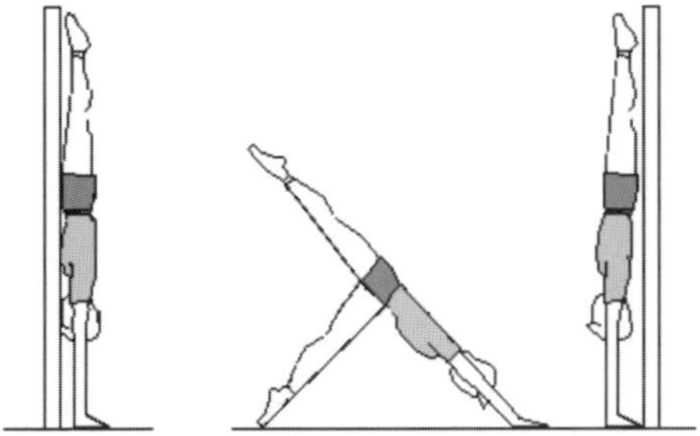

Desde una posición inicial realice el impulso de la primera parte del ejercicio tratando de mantener la posición de rodillas y codos extendidos, sin ayuda.

Con ayuda del entrenador, realice el mismo movimiento pero con mayor impulso tratando de unir las piernas antes de que exista contacto con la ayuda.

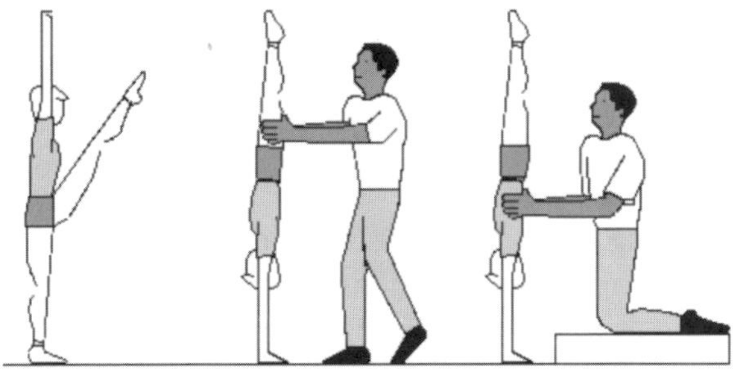

QUINTA

DESCRIPCIÓN

Desde la posición de pie, los brazos abajo y el cuerpo en posición gimnástica, rodar atrás, apoyando las manos en el suelo con los codos extendidos, llegar a posición invertida.

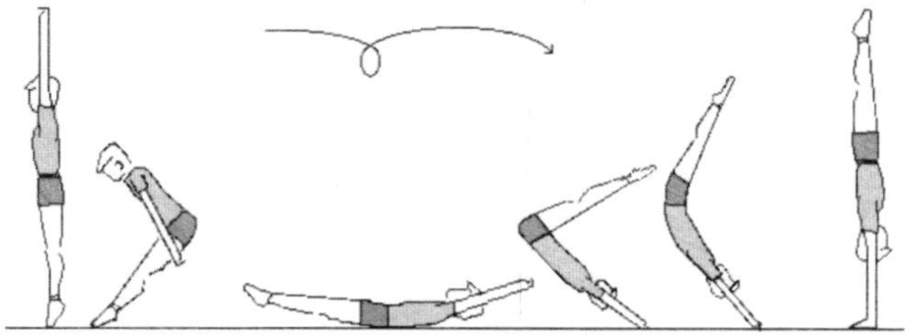

METODOLOGÍA

- Posición acostado de cúbito dorsal y los brazos extendidos hacia arriba realizar balanceos del cuerpo.

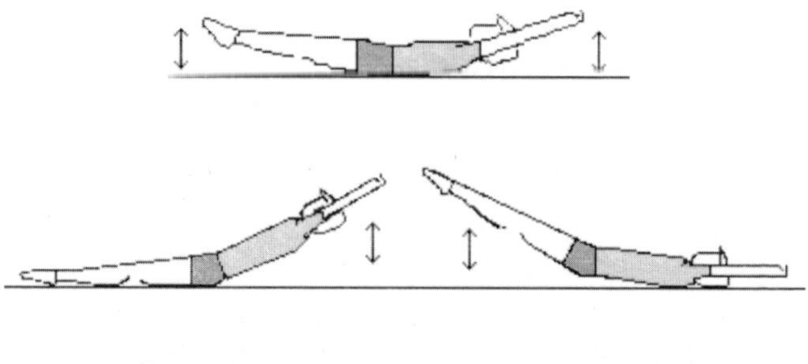

- Balanceos del cuerpo decúbito dorsal, y los brazos extendidos arriba con manos entrelazadas hacia adentro, pasar por la invertida en un plano inclinado.

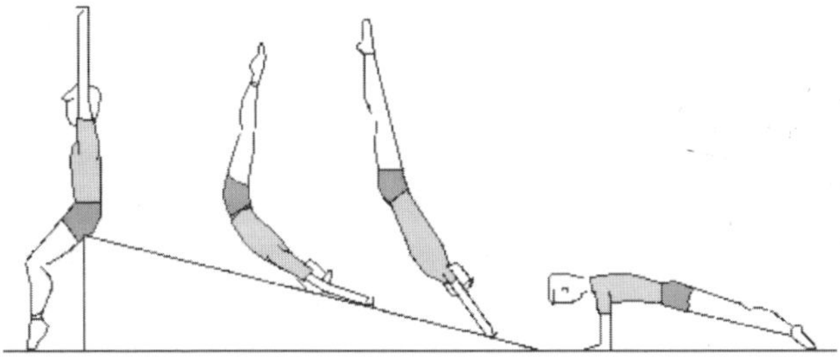

Desde la posición de pie, con brazos arriba, rodar hacia atrás, con los codos extendidos (manos entrelazadas) dirigidas hacia adentro, con ayuda de compañero, volteo atrás.

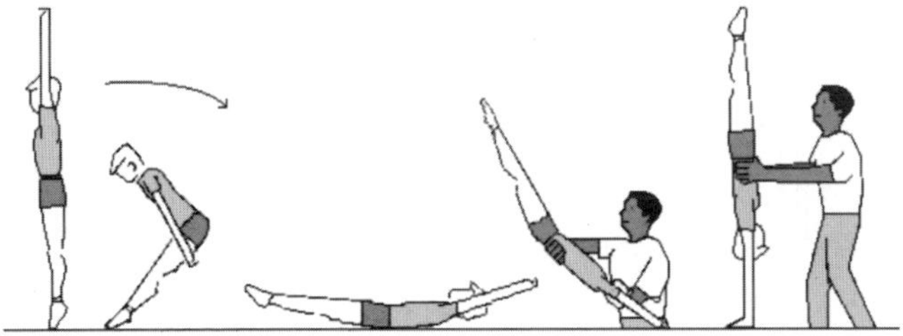

ARCOS

DESCRIPCIÓN

Posición de flexibilidad que sirve como educativo para el aprendizaje de otros elementos gimnásticos en donde se apoyan las manos y piernas extendidas en una extensión de la columna y el hombro que también ayuda al desarrollo de la fuerza y de la flexibilidad.

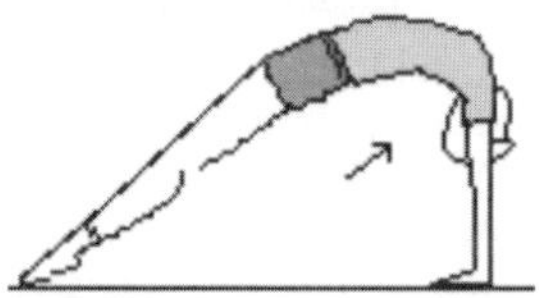

METODOLOGÍA

- En posición de cúbito dorsal apoyar las manos a lado y lado de las orejas y con flexión de rodillas apoyar también la planta de los pies, luego ejercer una fuerza de empuje hasta formar un arco con el cuerpo dejando sólo los dos apoyos de pies y manos.

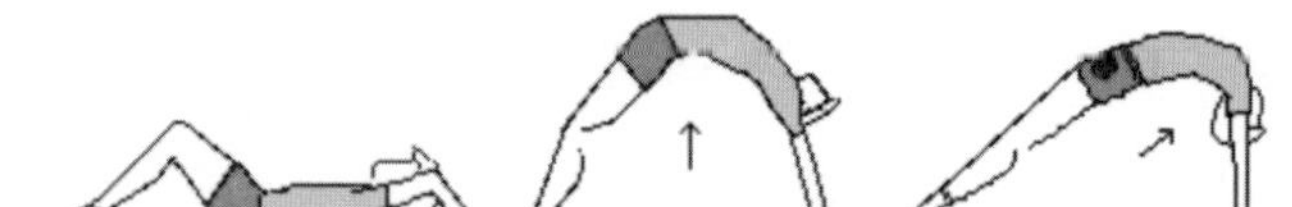

RECOMENDACIONES

Las figuras que usted verá a continuación sugieren algunos ejercicios que ayudan a la ejecución óptima de este elemento.

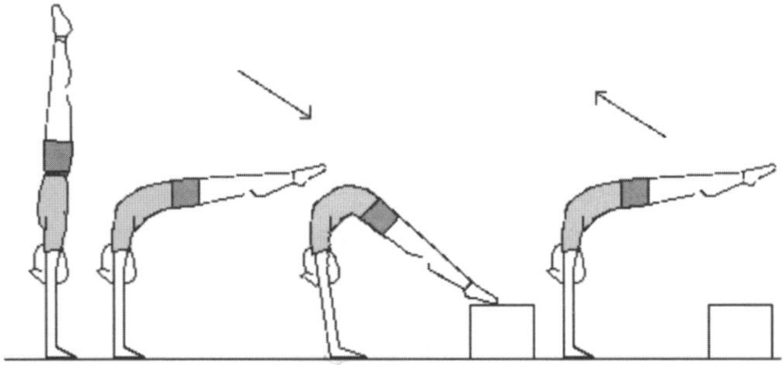

ARCO ADELANTE

DESCRIPCIÓN

Elemento básico gimnástico casi exclusivo del entrenamiento femenino que sirve como enlace de otros elementos y como base del aprendizaje de ejercicios gimnásticos de mayor dificultad.

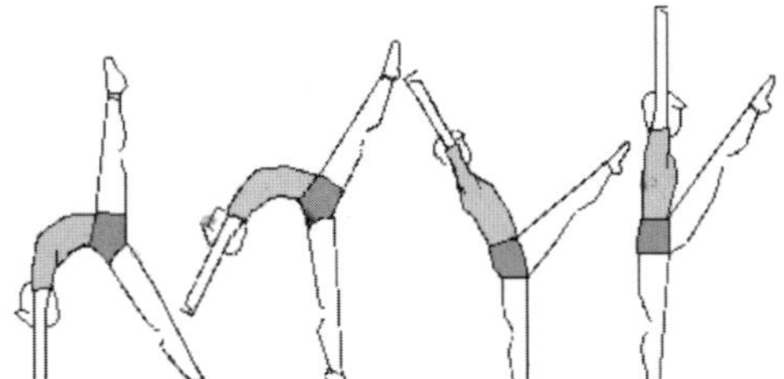

METODOLOGÍA

- Desde la posición invertida en dos apoyos dejar caer las piernas hacia adelante manteniendo la posición de extensión de rodillas hasta que se produzca el contacto de los pies con el piso, luego producir un empuje de hombro logrando que el tronco se eleve y se recupere la posición de pie.

- Luego desde la posición de pie realizar una posición invertida pero haciendo una ángulo de 180° con las piernas y después de que el primer pie se apoya en el piso realizar un empuje de hombro manteniendo el ángulo de las piernas para recuperar la posición de pie, pero manteniendo una pierna en elevación.

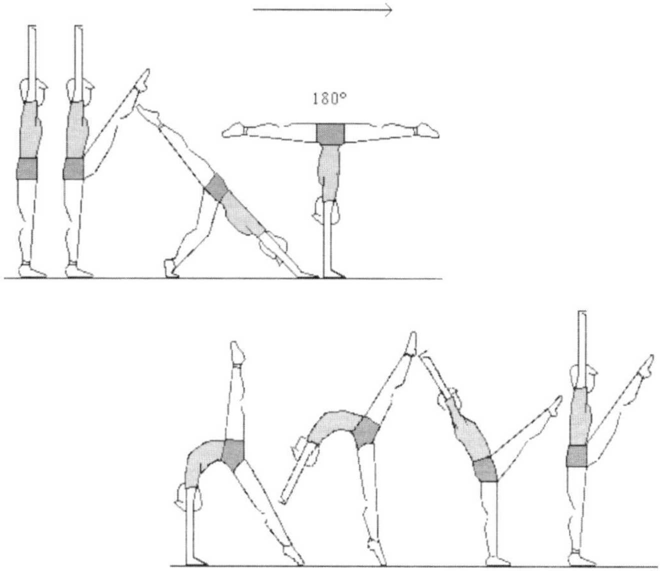

ARCO ATRÁS

DESCRIPCIÓN

Elemento básico gimnástico casi exclusivo del entrenamiento femenino que sirve como enlace de otros elementos y como base del aprendizaje de ejercicios gimnásticos de mayor riesgo.

METODOLOGÍA

- Desde la posición de pie realizar una inclinación del tronco hacia atrás hasta que la palma de las manos se encuentren en el piso, luego realizar un empuje de piernas haciendo que estas lleguen al piso de nuevo pasando por la posición invertida.

Luego desde la misma posición inicial de pie elevar una pierna en completa extensión de rodilla e ir inclinando el tronco hacia atrás manteniendo el ángulo de las piernas hasta lograr los 180°, luego hacer una posición invertida pasajera y buscar el suelo con la pierna que se elevó al principio, hasta recuperar la posición inicial de pie.

RUEDA

DESCRIPCIÓN

A este movimiento se le conoce con el nombre de media luna y es una progresión de la posición invertida agregando medio giro al movimiento de esta; la rueda es un elemento básico de la gimnasia que sirve también como educativo para el aprendizaje de elementos con mayor dificultad, también es un movimiento de enlace.

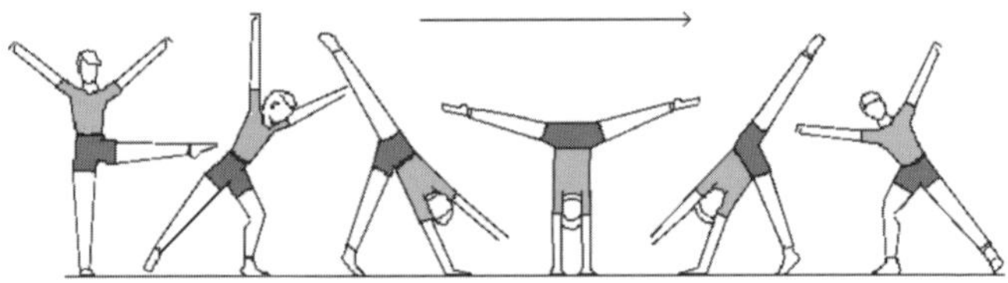

METODOLOGÍA

- Desde la posición de pie, iniciar el movimiento similar a la posición invertida, pero agregando a la trayectoria de tronco y brazos un giro de 90° y colocando primero el apoyo de una mano en el suelo y después la otra, hasta lograr la posición invertida con ayuda del entrenador.

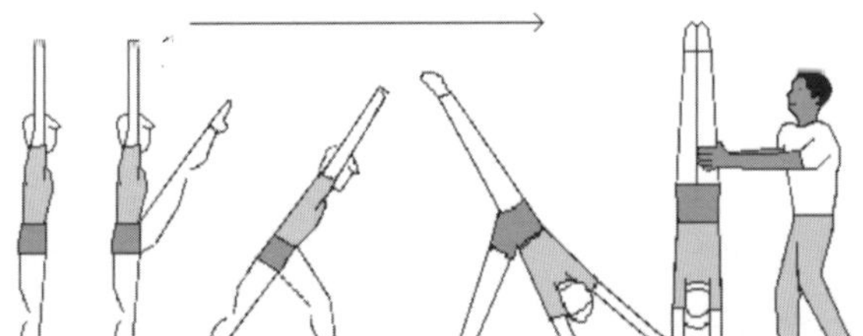

- Luego con ayuda del entrenador aplique un poco de velocidad al movimiento buscando amplitud y un mejor volteo hasta conseguir la totalidad del movimiento.

RECOMENDACIONES

Existen modificaciones en algunas de las posiciones gimnásticas de acuerdo con lo establecido por cada región, institución, competencia o enseñanza; aquí veremos dos formas de iniciar y de terminar el movimiento de la rueda lateral.

RONDADA (ROUND OFF)

DESCRIPCIÓN

Es uno de los movimientos que siempre va acompañado de otro con mayor dificultad; es decir, como presentación nunca se realiza sólo; se utiliza como enlace para las series acrobáticas. Es un derivado de la rueda pero con una proyección mayor hacia elementos mucho más complejos y virtuosos.

Si la rondada tiene una mala técnica y mala ejecución, los movimientos que la seguirán serán de igual calidad.

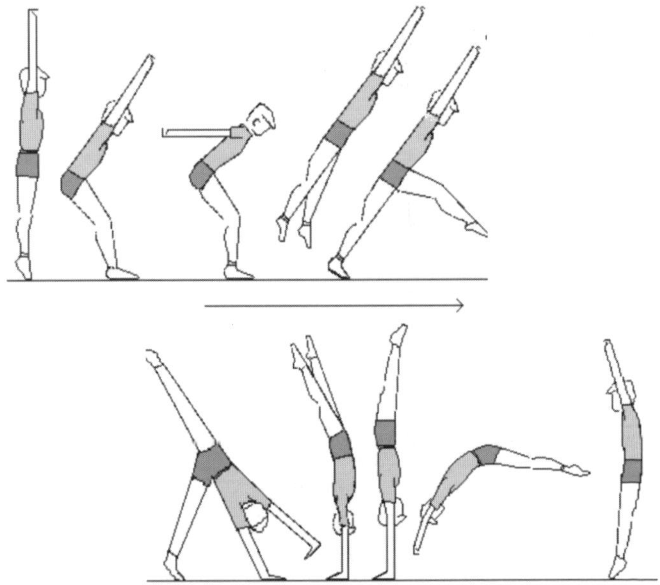

METODOLOGÍA

- Existe un movimiento básico que antecede a muchos de los ejercicios gimnásticos y que en el caso de la rondada está inmerso en la totalidad del movimiento y se llama Ante- Salto.

ANTE-SALTO

- Desde la posición de pie realizar un salto largo, elevando los brazos y en el aire llevar una pierna más adelante que la otra, hasta llegar al apoyo de piernas en total separación.

- Para una mejor asimilación del ante-salto utilice materiales como trampolines o cajones y esto mejorará la técnica y la amplitud del movimiento.

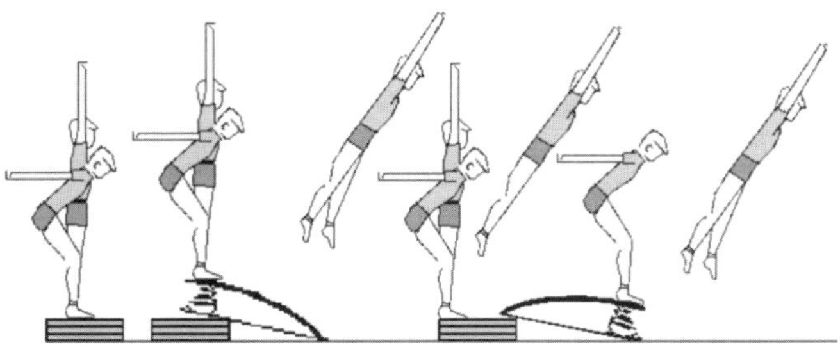

- Luego de tener el ante-salto correctamente, continúe el movimiento apoyando las manos en el suelo al mismo tiempo pero imprimiendo un giro de 180° hasta quedar en sentido contrario en el que venía realizándose el movimiento, logrando pasar por la posición invertida.

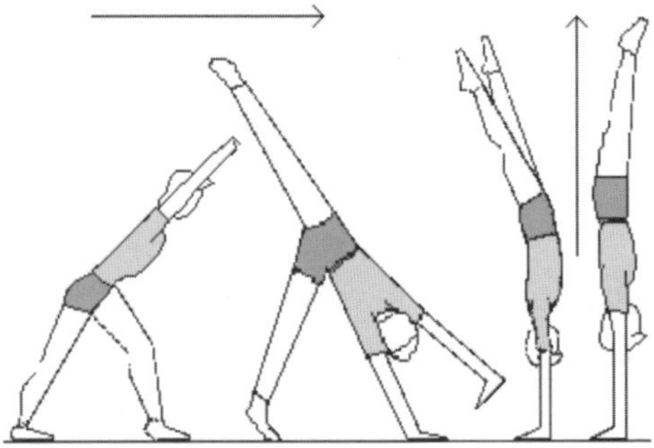

RECOMENDACIONES

Las figuras que usted verá a continuación sugieren algunos ejercicios que ayudan a la ejecución óptima de este elemento.

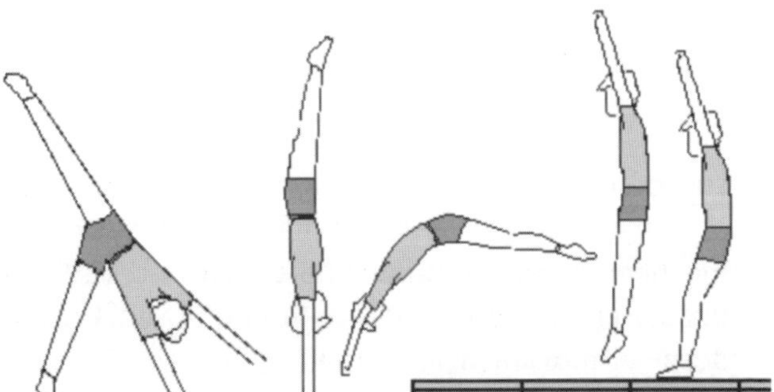

PESCADO

Con impulso de carrera 3 - 4 pasos, rechazar al frente con los dos pies paralelos y un poco separados para realizar una fase de vuelo con el cuerpo extendido y los brazos hacia arriba y en el descenso voltear al frente, colocando las manos y rodar por la espalda de la cabeza a la cola.

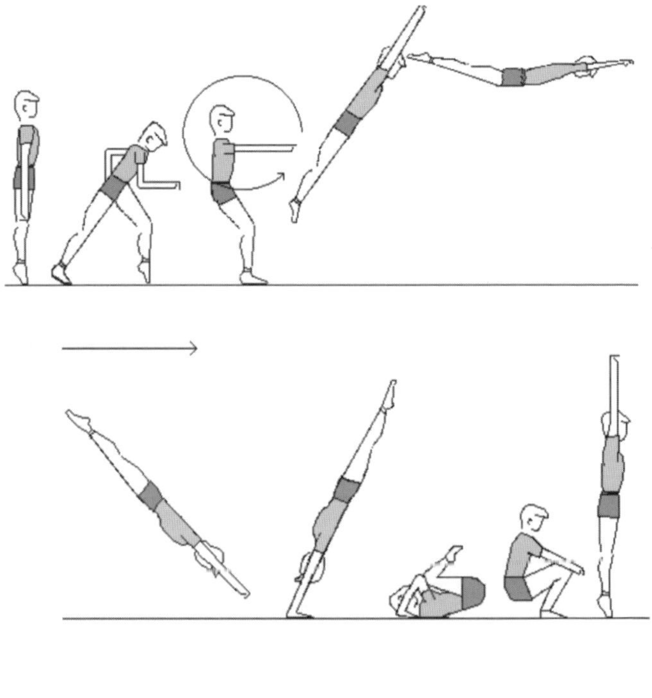

METODOLOGÍA

- Realizar una carrera con 2 - 3 pasos y rechazar en el piso con los dos pies.

- En lo posible utilizar un plano inclinado para realizar rollo adelante con una pequeña fase de vuelo.

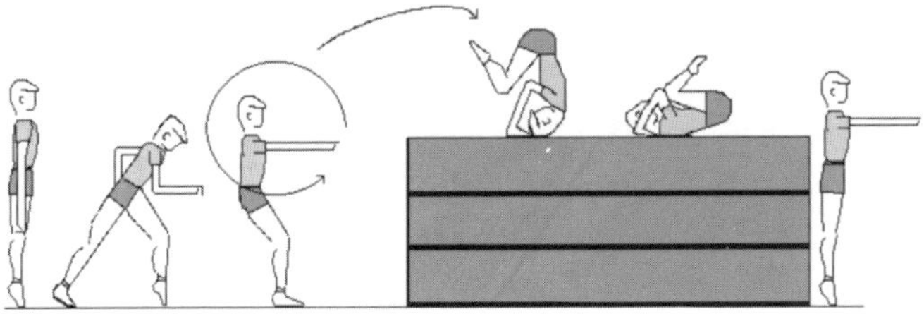

- Realizar carrera y luego rechazo en el piso con los dos pies, logrando una altura adecuada para caer en apoyo facial sobre colchonetas.

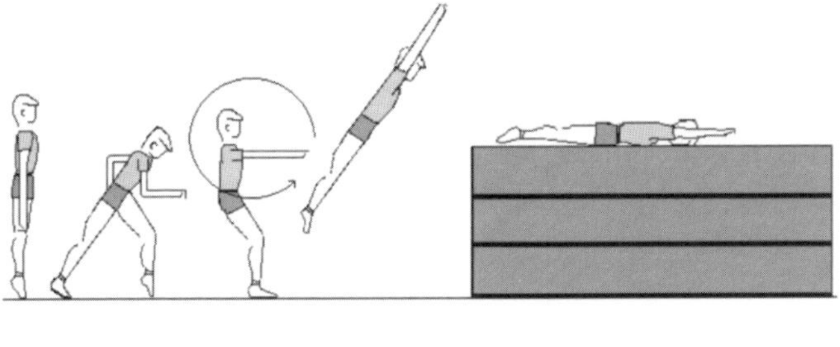

- Con carrera, rechazar con dos pies en el piso, realizar fase de vuelo con el cuerpo extendido y luego rollo adelante.

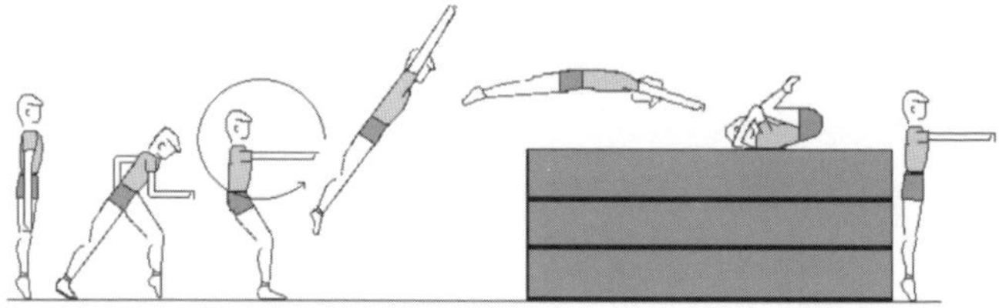

- El entrenador también puede ayudar, para que el gimnasta tome confianza.

- Utilizando materiales como cajones o espumas, hacer un arrume y tratar de realizar el ejercicio por encima de éste, con el único fin de lograr altura.

KIP DE FRENTE

DESCRIPCIÓN

Desde la posición de pie con los brazos arriba, flexionar las rodillas y luego pasar al apoyo de manos y frente en el piso. Después realizar un pateo proyectado adelante y arriba arquear la espalda y terminar en la posición de pie, ayudando este movimiento con impulso de los brazos.

METODOLOGÍA

- Desde la posición de pie con los brazos arriba, flexionar las rodillas y luego apoyar las manos y la cabeza en el piso o sobre un cajón para realizar el impulso o pateo, quedando en la posición de cúbito dorsal sobre unas colchonetas.

- Con ayuda de un compañero, quien sostendrá la espalda, tomar la posición invertida en tres apoyos procurando una flexión de cadera de 90 y realizar el pateo para quedar en la posición de pie.

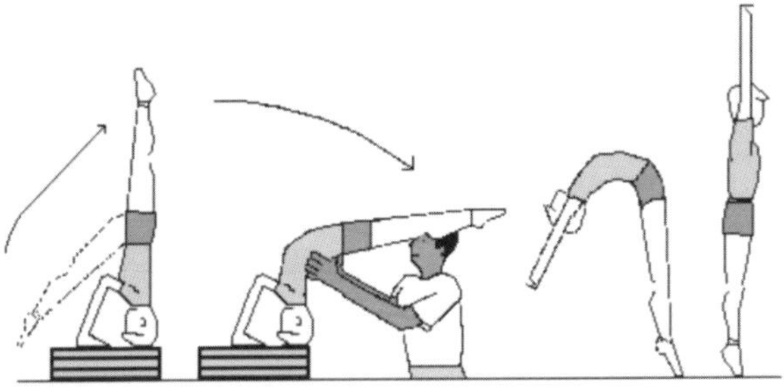

- Apoyar las manos y la cabeza en el suelo y con un impulso o pateo de piernas quedar en posición de pie.

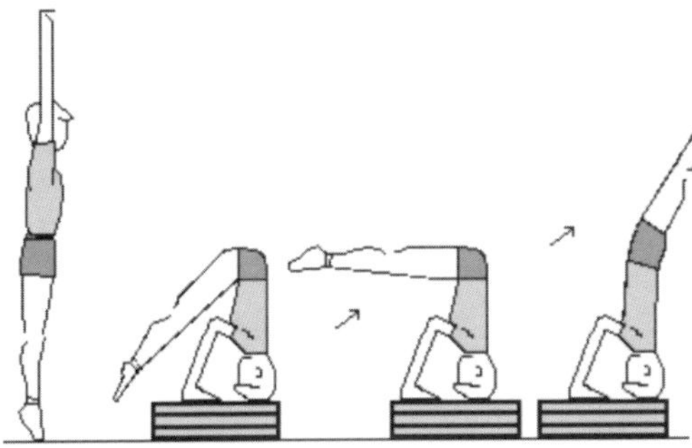

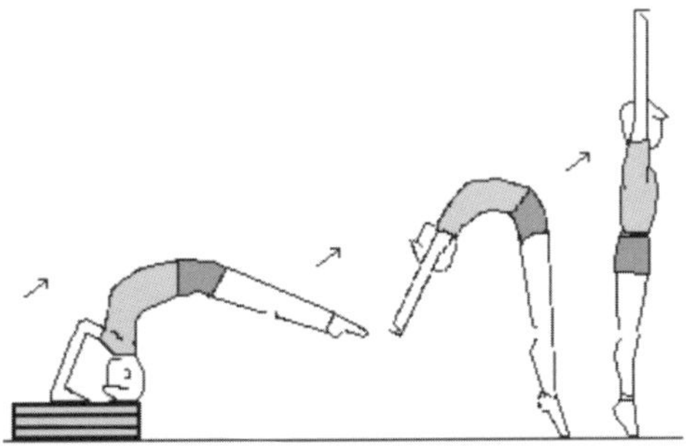

Con tres o cuatro pasos de impulso, apoyar la cabeza y las manos sobre el cajón y realizar el ejercicio anterior.

PALOMA

DESCRIPCIÓN

Desde un ante-salto, colocar las manos en el suelo con la pierna que se encuentra retrasada generar un pateo combinado con un empuje de hombros para lograr una fase de vuelo y continuar la trayectoria, juntando las piernas en el aire para terminar en la posición de pie.

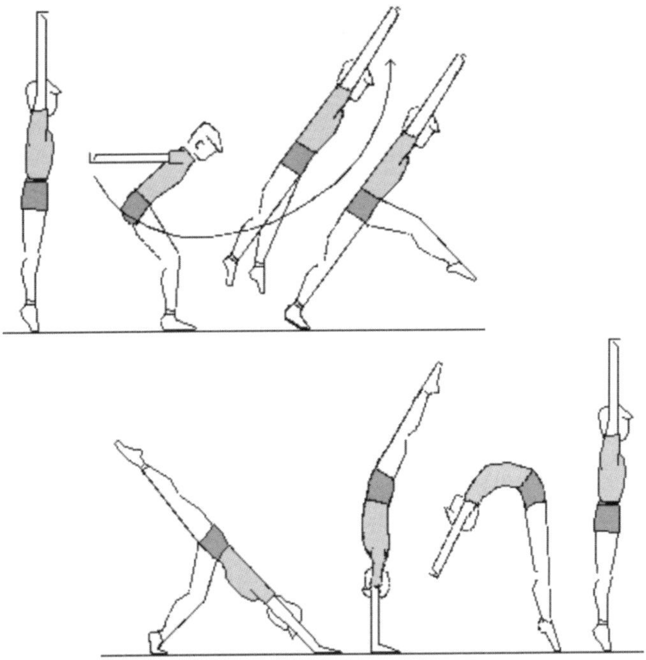

METODOLOGÍA

- Empuje de hombro: Desde la posición invertida en dos apoyos, realizar un despegue del piso empujando únicamente con las articulaciones de los hombros.

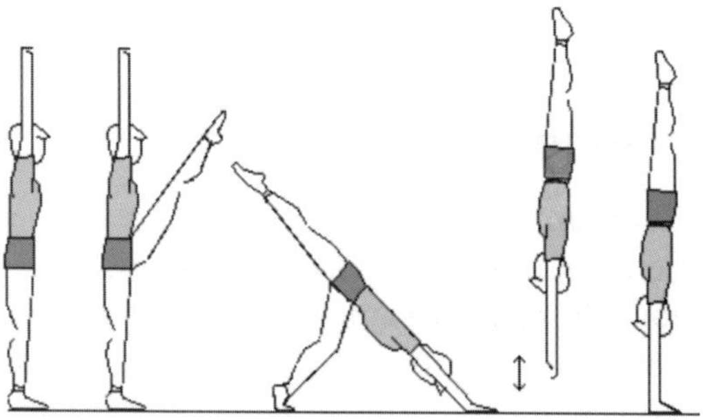

Recomendaciones: En lo posible, tratar de realizar más de un despegue sin dañar la postura básica.

Frente a la pared pero alejado de ella unos tres pasos, realizar posición invertida en dos apoyos imprimiendo un poco de velocidad para lograr que los talones lleguen hasta la misma.

- Colocando un trampolín o cajón pequeño, realizar con tres o cuatro pasos de carrera el ejercicio anterior sobre este, pero terminando en posición decúbito dorsal sobre unas colchonetas.

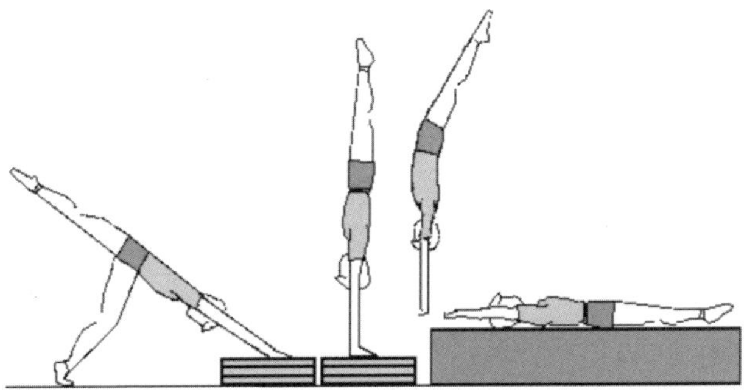

- Realizar el ejercicio anterior, aumentando el número de colchonetas y realizando el empuje de hombro logrando una fase de vuelo para poder terminar sobre ellas en la posición de cúbito dorsal.

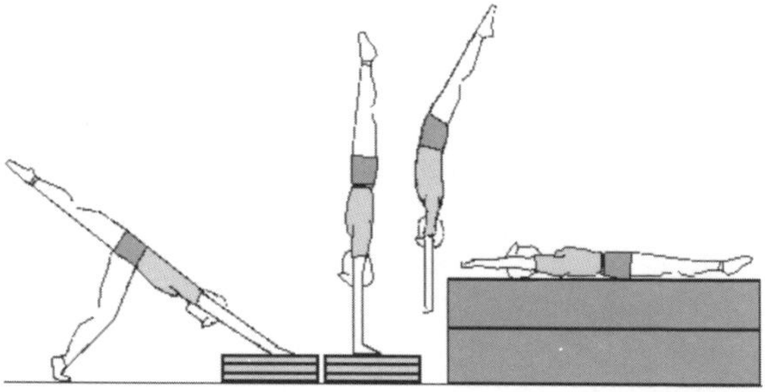

- Utilizando materiales como colchonetas en forma de cilindro, realizar el ejercicio tratando en lo posible de que el dorso de la espalda se apoye en este material para terminar en la posición de pie.

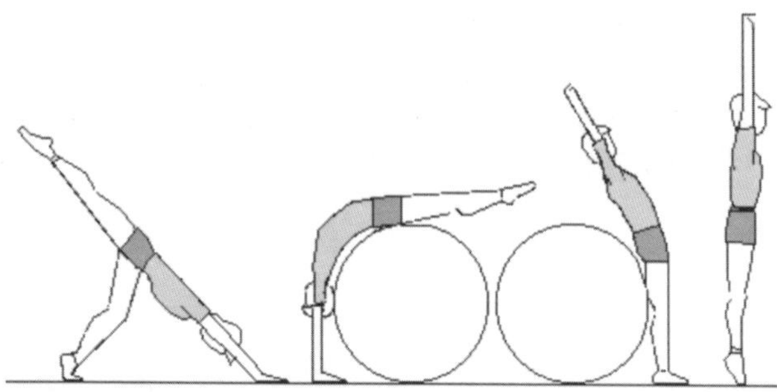

CUIDES Y AYUDAS

El compañero debe tomar al gimnasta por el hombro y por la espalda para aplicar la fuerza necesaria y contribuir para que el ejercicio pueda ser terminado.

Editorial Kinesis

MODALIDAD PISO

FLICK – FLACK

DESCRIPCIÓN

(Volteo atrás del cuerpo)

Ejercicio Gimnástico básico que sirve como enlace para ejecutar movimientos de mayor riesgo. Es uno de los ejercicios que se puede repetir dentro de una serie acrobática, ejemplos: paloma a una pierna rondada, flick-flack, flick-flack. Es un movimiento de volteo atrás con una pequeña fase de vuelo pero sin cambio de trayectoria. Se realiza apoyando los brazos en el suelo y con un empuje de ellos llegar a la posición de pie.

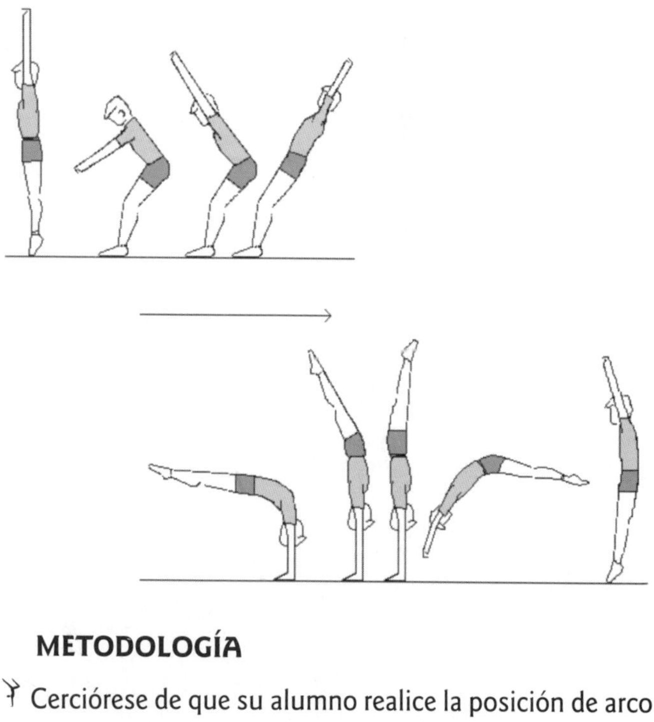

METODOLOGÍA

- Cerciórese de que su alumno realice la posición de arco correctamente para que tenga un buen desarrollo de la ubicación espacial y plena conciencia de su llegada con las manos al suelo.

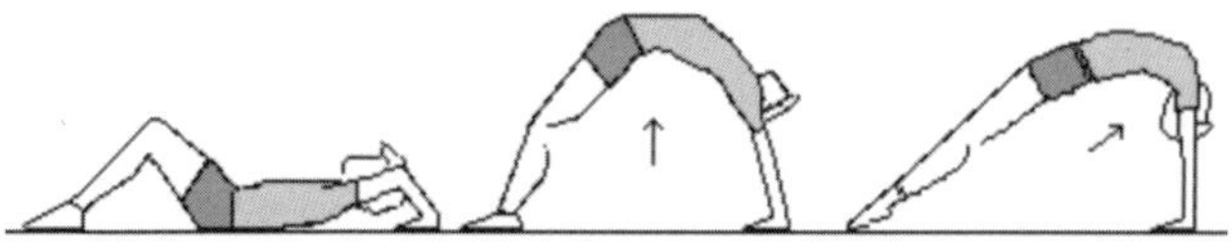

- En la posición invertida con las manos lejos de la pared y con los talones apoyados en esta realizar un empuje y lograr que los pies lleguen al suelo lo más veloz que se pueda, para llegar a la posición básica.

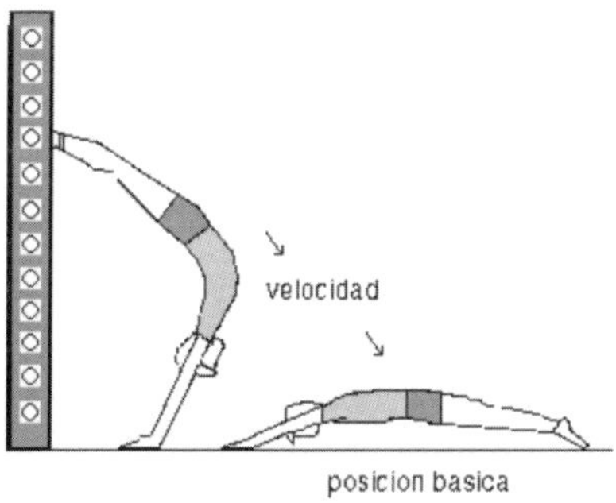

- La espalda está apoyada sobre una superficie blanda y las piernas realizan una fuerza (w) hacia atrás y hacia arriba.

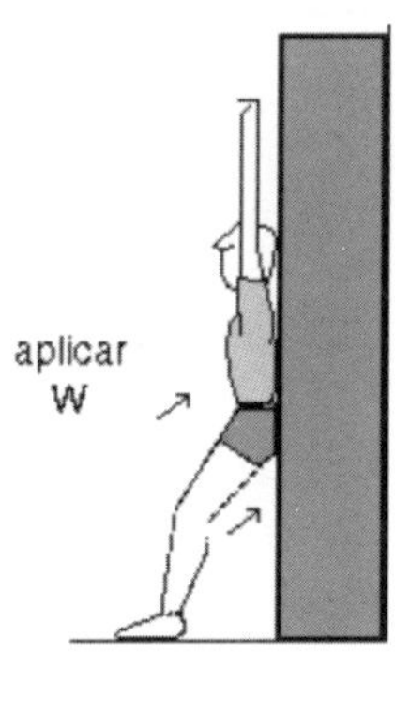

- Desde la posición de pie realizar un salto hacia atrás y hacia arriba, tratando en lo posible de no elevarse sino de ir muy lejos, sin dejar bajar los brazos y manteniendo la posición, hasta llegar a la colchoneta.

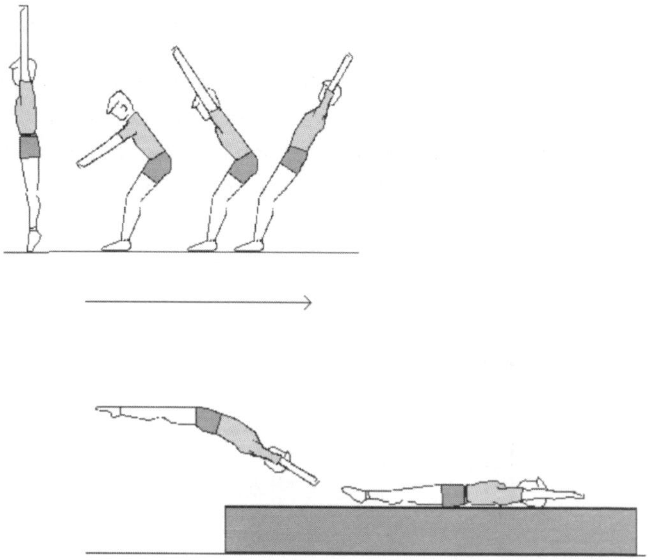

- Realice desde la posición invertida un pequeño arqueo de la espalda y un empuje de hombro logrando que los pies lleguen lo más rápido posible al piso. (Courvete).

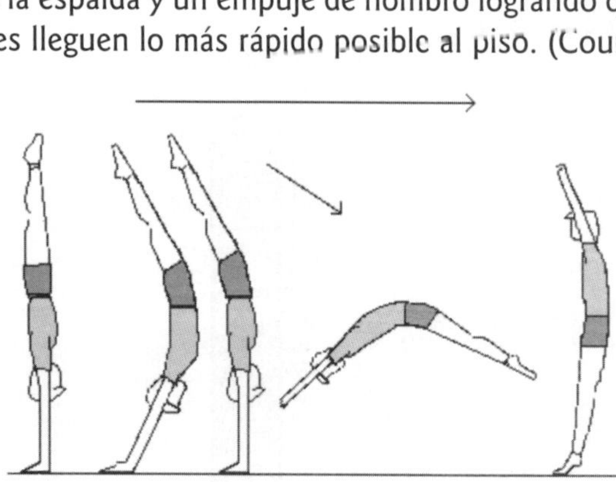

- Con la ayuda del entrenador, realice desde la posición de pie un salto hacia atrás terminando en la posición invertida.

- Luego desde la posición invertida y con la ayuda del entrenador realice un empuje de hombros tratando de realizar una fase de vuelo hasta que los pies lleguen al suelo. (Courvete con ayuda).

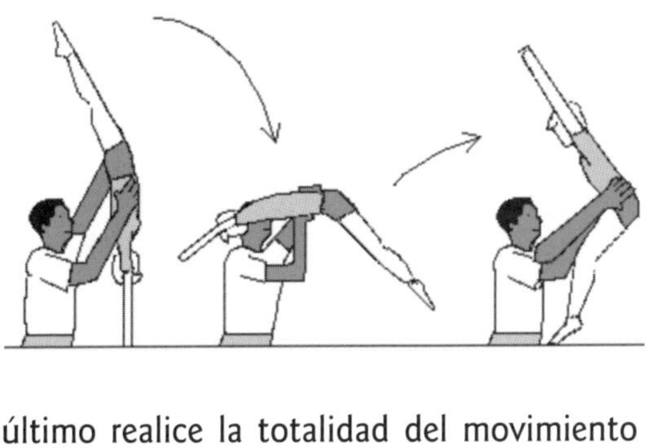

- Por último realice la totalidad del movimiento corrigiendo la extensión de los codos, las rodillas, la postura básica y el empuje de hombro.

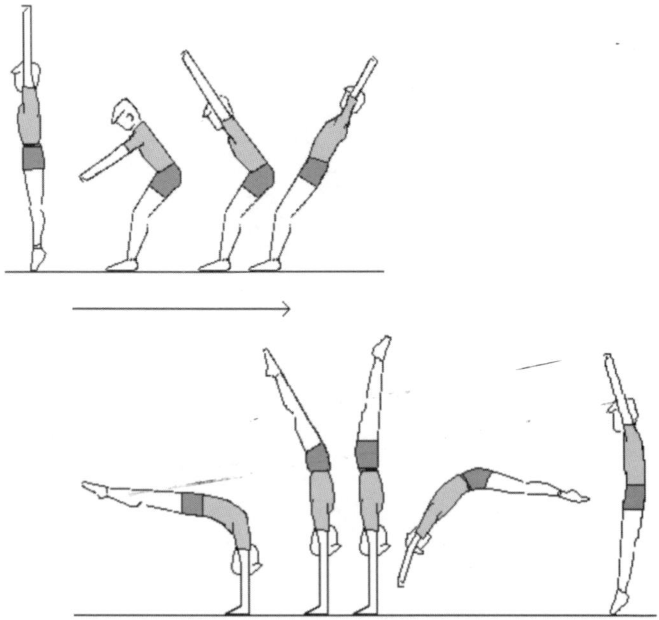

MORTAL ADELANTE AGRUPADO

DESCRIPCIÓN

Con impulso de carrera y después del pique, voltear adelante agrupado en el aire alrededor del eje transversal, flexionando la totalidad de las articulaciones durante el volteo y extendiéndolas para la caída.

METODOLOGÍA

- Desde la posición flexión profunda de rodillas, realizar saltos hacia arriba con elevación de brazos.

- Desde la posición de pie con los brazos arriba, sobre un banco o cajón, voltear adelante sobre la espalda a la posición agrupado.

- Con impulso de carrera y después del pique, voltear sobre una pila de colchonetas, logrando en lo posible que las manos agarren las rodillas.

- Inicialmente caer sobre la espalda
- Luego caer en flexión profunda de rodillas y luego en la posición de pie.
- Con impulso de carrera y después del pique, realizar volteo adelante agrupado como en el anterior ejercicio; con ayuda del entrenador caer de pie sobre la pila de colchonetas.

La altura de la pila de colchonetas debe ir aumentando progresivamente de acuerdo con edades, con grupos y con posibilidades.

MORTAL ATRÁS AGRUPADO

DESCRIPCIÓN

El mortal atrás es un elemento de rotación, volteo y suspensión en el aire que nos proyecta a la ejecución de variantes de posiciones y aplicaciones de giros o número de rotaciones. Además es un elemento básico en el aprendizaje de las rutinas acrobáticas de todo gimnasta.

METODOLOGÍA

- Por medio de ejercicios de preparación física fortalezca las zonas que participan en el pique para lograr buena saltabilidad y así tener una altura adecuada para la realización del mortal; además debe ser consciente de la importancia de la elevación de los brazos en este ejercicio.

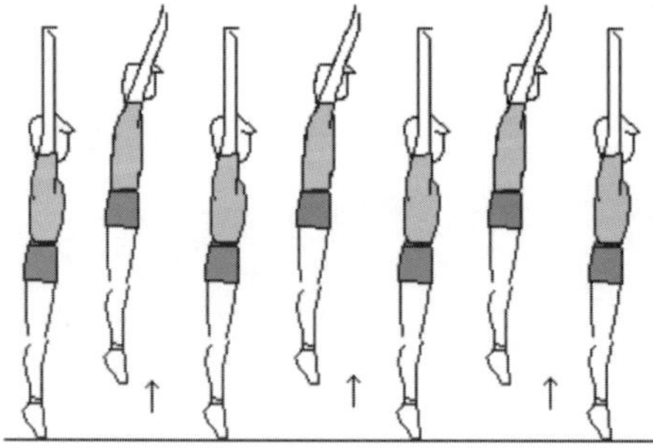

Ɏ Después de que su gimnasta asimile la posición de pique, coloque una pila de colchonetas o cajones para que realice un salto hacia arriba y hacia atrás y en la fase de máxima altura se agrupe y ruede atrás sobre la espalda encima del material para que vaya asimilando el momento de rotación.

Ɏ Luego con ayuda del entrenador y ya asimilado el movimiento anterior, ayude al gimnasta a que realice el mortal completo y así genere altura y confianza dentro del trabajo.

Editorial Kinesis

Desde un cajón y con la seguridad de que su gimnasta es capaz de realizar el mortal sin su ayuda, permita que lo realice pero siempre conserve una distancia prudente a él para darle confianza y seguridad a la hora de realizar el ejercicio.

7

ENLACES

ENLACES

DESCRIPCIÓN

Los enlaces o tiras acrobáticas son secuencias de movimientos que por sus características se unen entre sí para generar mayor dificultad y virtuosismo en el desarrollo de la gimnasia.

NOTA

Se debe tener en cuenta que para poder unir dos elementos gimnásticos, estos deben estar técnicamente bien ejecutados, de lo contrario los resultados serán negativos y por consiguiente el gimnasta no logrará una buena presentación de los elementos.

PALOMA A UN PIE, PALOMA A DOS PIES, PESCADO

DESCRIPCIÓN

Con dos o tres pasos de impulso y después del antesalto, apoyar las manos en el piso para realizar Paloma; esta debe terminar en un sólo pie, manteniendo la pierna elevada (esta debe ser la que primero hace contacto con el piso, después del antesalto). Dando velocidad a la espalda y manteniendo los brazos elevados, continuar a una segunda paloma que termina en dos pies. Inmediatamente rechazar con absoluta tensión del cuerpo y realizar pescado.

RECOMENDACIONES

En lo posible cerciórese de que su gimnasta realice paloma a un pie, seguida de paloma a dos pies correctamente.

Cerciórese de que su gimnasta realice correctamente paloma-pescado.

PALOMA - MORTAL AGRUPADO

DESCRIPCIÓN

Es un enlace básico para el mejoramiento de técnicas que sirven no sólo en ejercicios en el suelo sino también en saltos al caballete; la paloma mortal es uno de los enlaces más antiguos y básicos en la práctica de la gimnasia, pero que ha tomado fuerza en los últimos años por sus variantes y la dificultad que se ha agregado a este.

METODOLOGÍA

- Ejecute la paloma concientizando al gimnasta de que, como se va a realizar otro movimiento, debe exagerar el empuje de hombro y su postura general para no dañar la secuencia.

- Utilice una pila de colchonetas delante de donde va a ejecutar la paloma, después de terminarla, realizar un pique logrando quedar encima de ellas en la posición de cúbito abdominal.

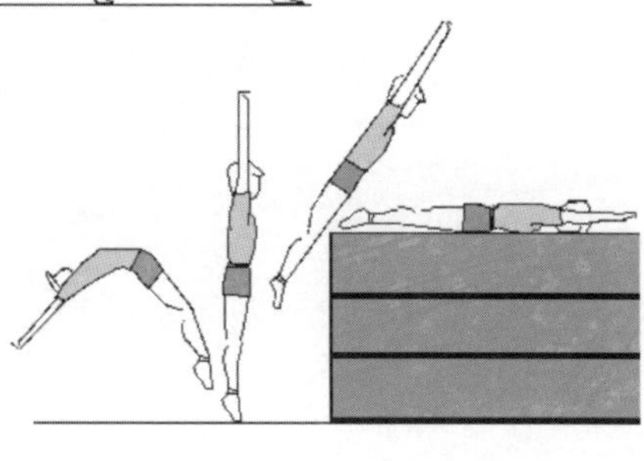

Aparte realice mortales adelante desde un cajón para mejorar la velocidad de rotación; puede realizarlo con o sin pique como se muestra a continuación.

RECOMENDACIONES

Enlace los ejercicios sin quitar la pila de colchonetas; para que estos tengan mayor proyección y se asegure una mejor ejecución. Trate de que el gimnasta logre caer en posición de pie sobre las colchonetas, que mantenga brazos siempre arriba y que en el pique procure no apoyar talones sino la punta de pie.

ROUND OFF – MORTAL AGRUPADO

- Realice el round off y utilice la misma metodología que para la paloma mortal pero en sentido contrario.

- Coloque una pila de colchonetas y realice el round off, agregando un pique y terminando encima de las colchonetas en la posición de cúbito dorsal.

- Desde un cajón o desde el suelo realice mortales agrupados estáticos para mejorar la velocidad de rotación, la seguridad en caídas y la ubicación espacial.

- Luego, una los dos ejercicios tratando que el gimnasta llegue a la posición de pie sobre las colchonetas para lograr buena altura en la secuencia y poder proyectar el ejercicio a un grado de mayor dificultad. Procurando en lo posible que el gimnasta caiga de pie sobre las colchonetas, que mantenga la posición de brazos arriba y la postura básica en el pique manejar la ejecución y la calidad del ejercicio.

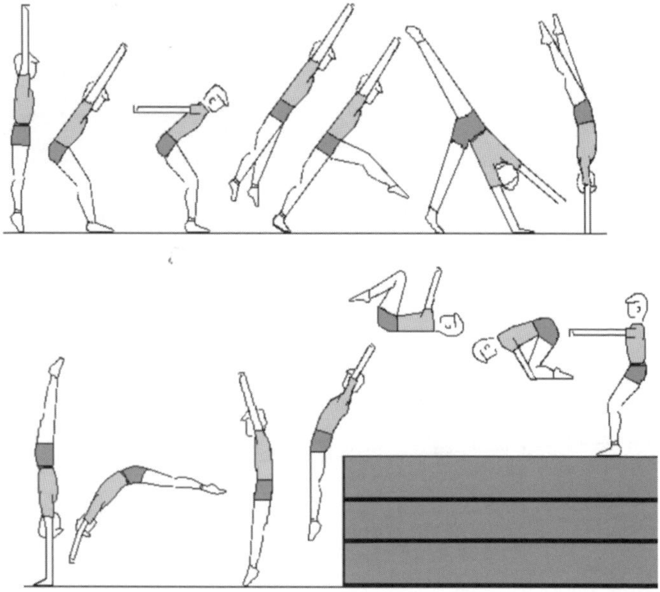

8

PREPARACIÓN FÍSICA

PREPARACIÓN FÍSICA

Toda Actividad deportiva que implique no sólo la recreación y el aprovechamiento del tiempo libre, sino también la competencia y la evolución de nuevas técnicas, debe involucrar una preparación física, ya que ésta constituye el factor fundamental para el cumplimiento de logros determinados que muestren el mejoramiento del nivel y visualización de un trabajo competente.

Por tanto este capítulo presenta criterios claros acerca de la preparación física de los deportistas además se muestra como el trabajo físico y psicológico es de vital importancia en el manejo de los grupos y de individualidades.

OBJETIVOS

- Aclarar los conceptos básicos de preparación física en el trabajo gimnástico y su posible aplicación en tareas afines
- Capacitar desde el punto de vista teórico y a través de gráficas que proyecten la realización de los ejercicios, a las personas interesadas en la formación y entrenamiento de gimnastas.
- Realizar una correcta inducción a las estructuras del nivel básico de gimnasia, en la población estudiantil y/o grupos especializados de porras, aeróbicos, etc.

PREPARACIÓN FÍSICA GENERAL

Es una fase del entrenamiento utilizada para la mayoría de los deportes que consiste en realizar ejercicios que involucren grandes grupos musculares, con el fin de mejorar las capacidades básicas del ser humano: fuerza, resistencia, velocidad. Etc.

OBJETIVOS

- Desarrollar las cualidades físicas y motoras con el fin de lograr la formación muscular armoniosa y el aumento de la resistencia funcional.
- Desarrollar las cualidades de coordinación, destreza y agilidad, que en ausencia dificultan el proceso de entrenamiento y aprendizaje de ejercicios.
- Mejorar el funcionamiento de la totalidad de los sistemas del organismo.
- Fortalecer a nivel profiláctico el aparato locomotor del gimnasta, en especial el aparato muscular y ligamentos de las extremidades.

FORTALECIMIENTO DEL TRONCO Y EXTREMIDADES SUPERIORES

- Realice flexión de codos en suspensión de una barra

RECOMENDACIONES

Utilice los dos tipos de agarre (dorsal y palmar) y procure que la flexión de codos sea tal que la quijada sobrepase el nivel de la barra. Realice repeticiones según posibilidades de sus gimnastas. En el caso de mujeres se puede sujetar por la cintura y realizar una pequeña ayuda.

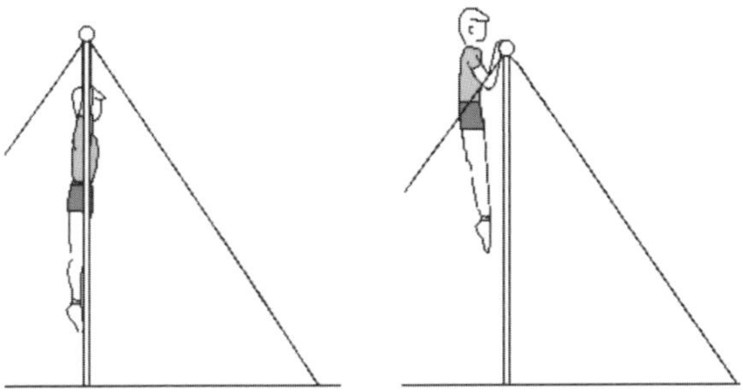

Realice subidas de soga sin ayuda de los pies o las piernas.

Realice flexión de codos en posición del cuerpo en 90° apoyando los pies en un cajón

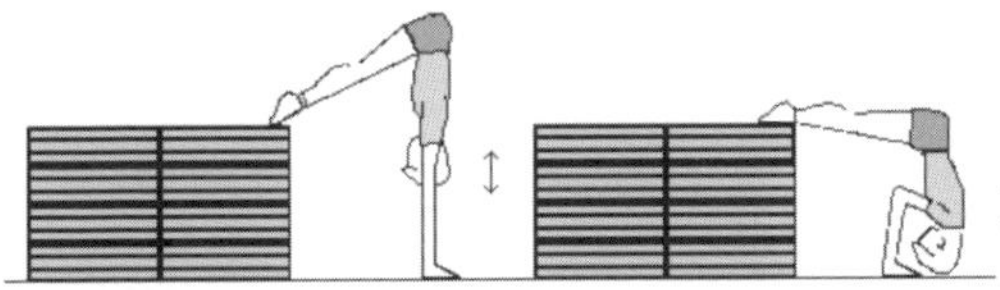

RECOMENDACIONES

Realice este ejercicio en perfecta postura y con una buena velocidad para estimular la potencia de empuje de hombros. Realice las repeticiones y series que usted crea conveniente.

VARIANTE PARA MUJERES

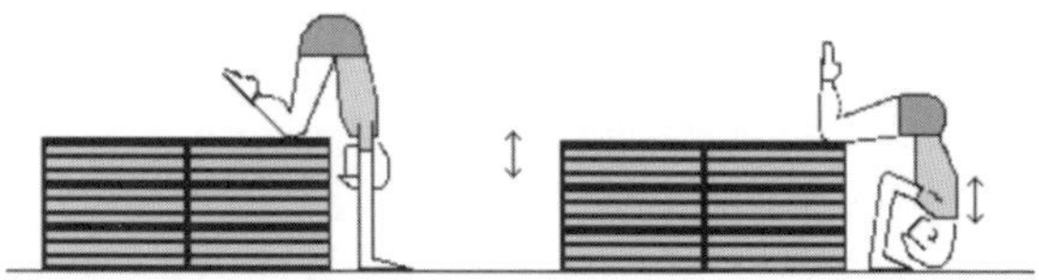

- Realice caminatas en posición invertida (10 metros aproximadamente).

RECOMENDACIONES

En lo posible no permita que el gimnasta dañe la postura.

EXTREMIDADES INFERIORES

Realice carreras de velocidad cortas (30 metros aproximadamente) con la finalidad de mejorar la técnica de carrera y aumentar la potencia en los músculos de la pierna. Realice 10 piques con intervalo de 1 minuto, realice 4 piques con intervalo de 30 segundos.

FORTALECIMIENTO DE CUADRICEPS

Desde la posición sentado en un cajón levante una de las dos piernas, extienda los brazos al frente y realice repeticiones de ponerse de pie y volverse a sentar.

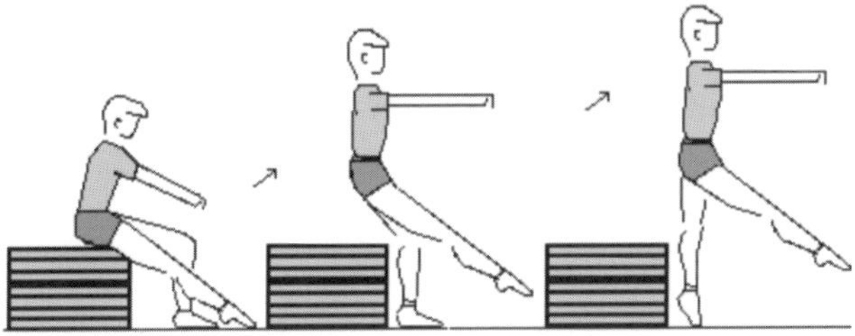

RECOMENDACIONES

Realice el ejercicio por lo menos de 10 repeticiones por pierna y las series que usted crea necesario para sus gimnastas.

Desde la posición de pie pero con un apoyo sobre un cajón, realice subidas a este pero sin cambiar el apoyo, durante las repeticiones, luego cambie el apoyo y realice el ejercicio de nuevo.

Realice 10 repeticiones por cada pierna y las series que usted estime convenientes para sus gimnastas.

FORTALECIMIENTO DE GEMELOS

Realice elevaciones del cuerpo por medio de la plantiflexión pero generando un ángulo mayor con ayuda de un cajón o colchoneta.

RECOMENDACIÓN

Realice por lo menos series de 50 repeticiones

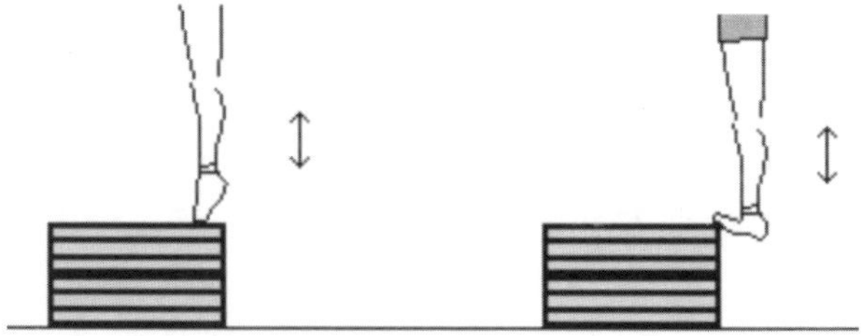

Realice piques sobrepasando obstáculos de diferente tamaño y altura

RECOMENDACIÓN

En lo posible exija que el gimnasta no dañe la postura y que pique siempre en la punta de los pies.

FORTALECIMIENTO DE LA REGION LUMBAR

En un caballete o cajón realice posición de cúbito abdominal pero dejando libre las piernas para realizar pateos estimulando los músculos medios y bajos de la espalda lumbar.

RECOMENDACIÓN

Realice por lo menos 30 repeticiones y las series que usted crea necesarias.

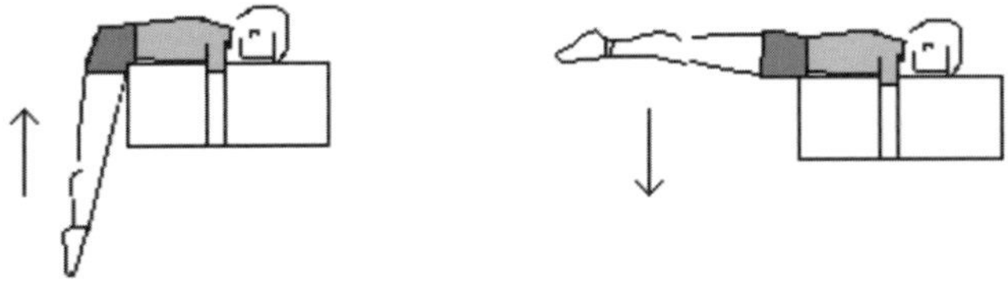

FORTALECIMIENTO DE LA REGION ABDOMINAL

Todos los ejercicios abdominales son de gran importancia, pero para gimnasia se recomienda realizarlos de la siguiente manera:

- En suspensión ya sea de unas espalderas o de una barra fija elevar las piernas.

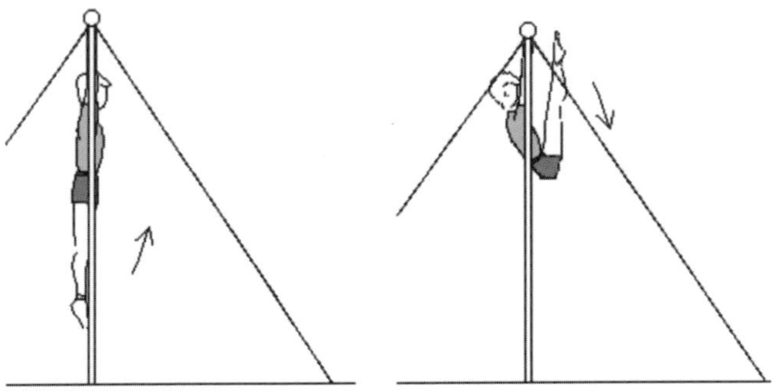

CANOAS

En la posición de cubito dorsal, desde la posición básica, realizar pequeñas oscilaciones, en las cuales se tendrá en movimiento como de balanza sobre la espalda.

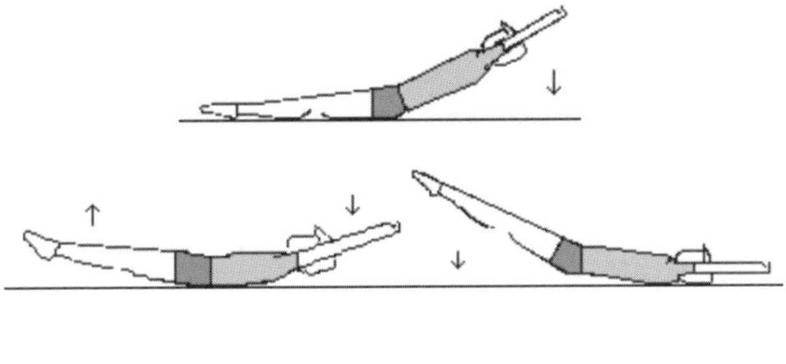

LA PREPARACIÓN FÍSICA ESPECIFICA

Representa uno de los factores de base del proceso de preparación. Este factor acciona sobre el gimnasta en el sentido de desarrollo y especialización de las cualidades motrices. Una preparación física especial correspondiente se realiza a través de una actividad continua, diariamente desarrollada durante las clases.

La capacidad de manifestación de estas cualidades está condicionada de una serie de factores, los cuales mencionamos;

- Las modificaciones morfológicas en los músculos, huesos, ligamentos y otros órganos.
- La reorganización bioquímica de los órganos y tejidos. Este factor, en una cierta forma debe estar presente en todos los periodos y etapas de la preparación.
- Las modificaciones de regulación de las funciones del organismo.

Recomendamos que la estructura de los ejercicios les permita una localización cuanto mas correcta de las acciones de los grupos musculares, que representan partes de los movimientos para lo que van a servir.

- Flexión en la articulación codo: En apoyo facial sobre el piso, flexión y extensión de los codos desplazándose hacia delante.

- En suspensión, de pie ladeado, realizar flexión y extensión de codos (frente a una barra)

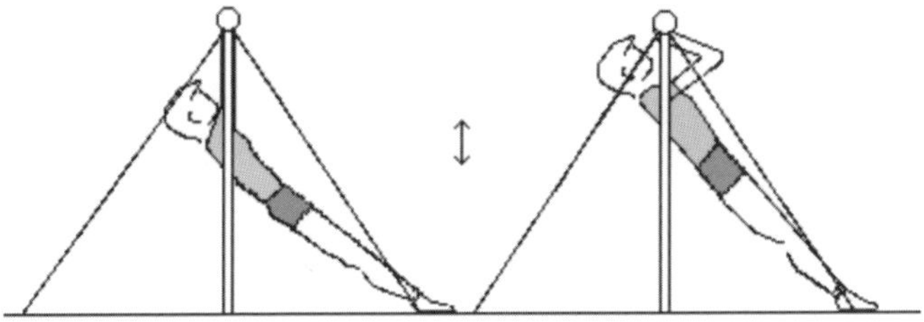

- En suspensión con apoyo de uno de los compañeros, con el cuerpo extendido a nivel de la cadera, flexión y extensión de los codos

- En apoyo facial, flexión y extensión de codos

- Acostado de cubito dorsal, brazos arriba, agarrando una mancuerna, realizar balanceos arriba-abajo

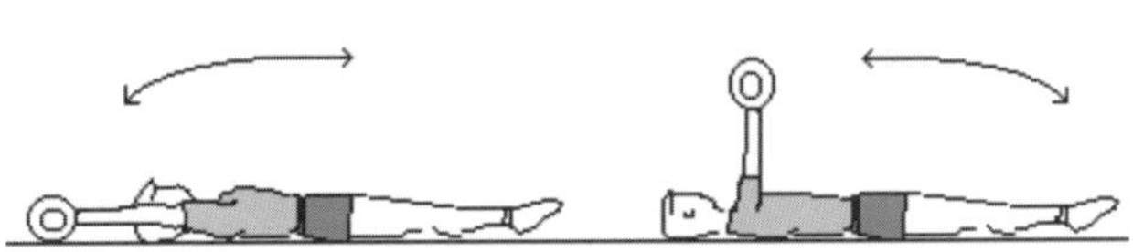

- Suspendido en la barra fija con apoyo al nivel de los tobillos balanceo al frente-atrás, pasar al apoyo, regresando a suspensión.

- Acostado de cubito dorsal flexión de la cadera

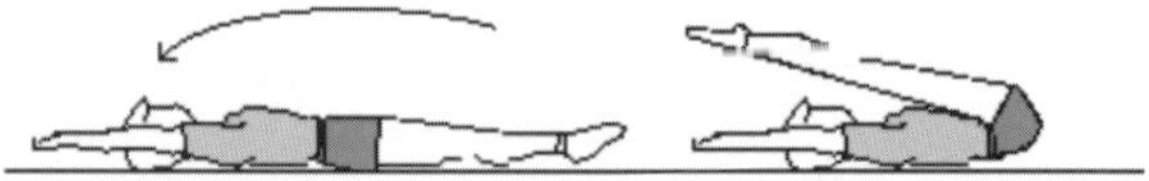

- Decúbito dorsal con los brazos arriba, pasar a la posición sentado agrupado.

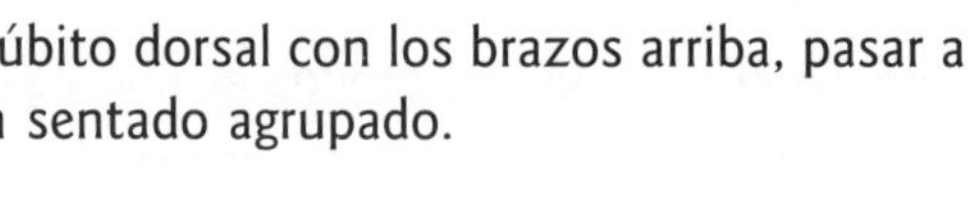

- Cuerpo carpado

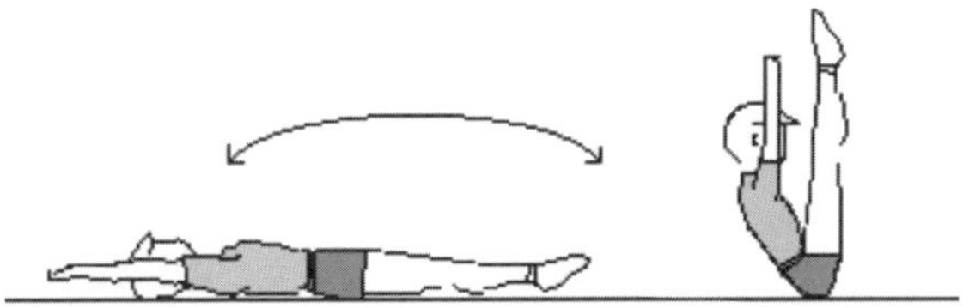

- Acostado adelante con apoyo de los muslos y a los tobillos flexión y extensión del cuerpo.

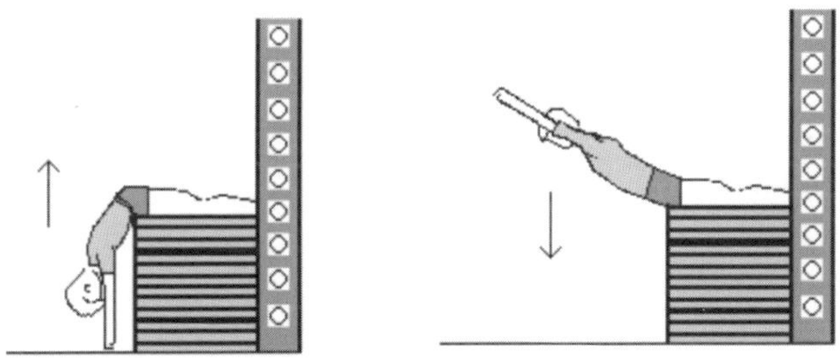

- Sentadilla sobre una pierna, con ayuda de compañero.

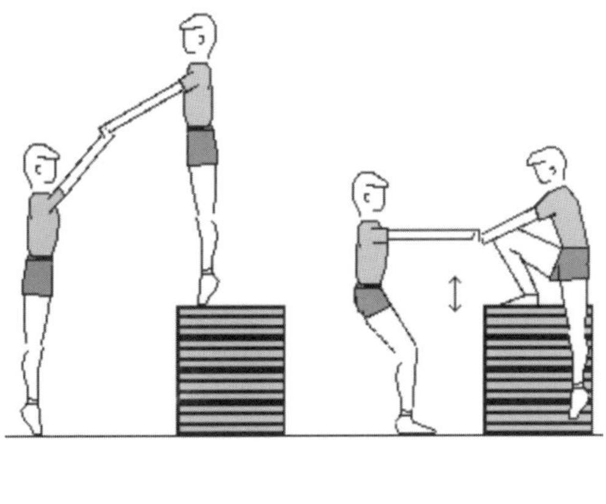

- Saltar sobre los cajones

Saltos con la cuerda cuerpo extendido

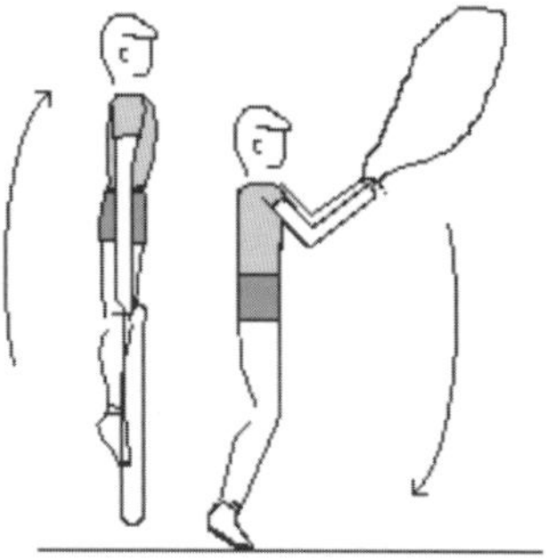

Sentado con piernas separadas, manos apoyadas entre las piernas, levantarse a posición invertida con ayuda del compañero.

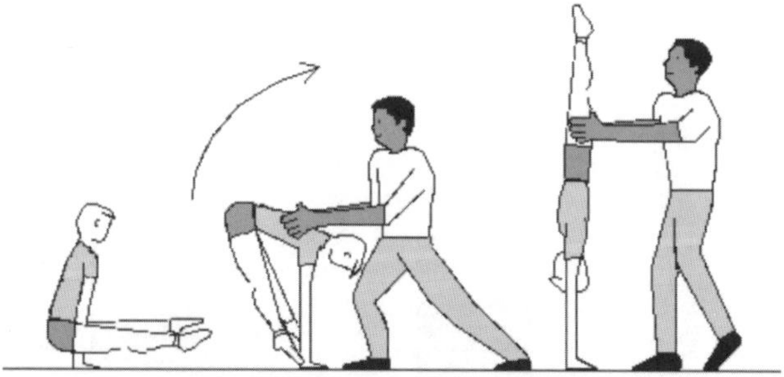

Para el desarrollo de cada una de estas cualidades es necesario que se trabaje dosificando los esfuerzos, respetando el principio de lo fácil a lo difícil, para esto, debemos contar con las posibilidades del alumno. Es necesario verificar periódicamente el nivel de las cualidades motrices

BIBLIOGRAFÍA

SHLEMIN, A. M. El joven gimnasta. Editorial pueblo y educación ciudad de la Habana. (1980).

COLECTIVO DE AUTORES. Gimnastica. Ediciones deportivas de la Habana. (1970).

Kovaci, Nicolae. Problemas de entrenamiento en gimnasia. Editorial ESPOL. México (octubre, 1978).

BROWN, JAMES Y WARDELL, DAVID. Gimnasia para hombres y mujeres. Editorial Limusa. México. (1987).

INDER. Programa de preparación del deportista en gimnasia. Cuba. Volumen 1. (1988).

Documentos, VIII Gimnasiada americana. Bogotá 1994.

Documentos personales Juan Carlos Osorio. 1995.

DOBREVA, STOYANKA ANGELOVA. Gimnasia olímpica contemporánea. Editorial ODEPA. (Septiembre 1979).

SMOLEVSKY VLADIMIR, GAVERDOVSKIY. Tratado general de la gimnasia artística deportiva. Editorial Paidotribo. (1994).

Autores:

CARLOS JULIO

JUAN CARLOS

JUAN CARLOS OSORIO GOMEZ

Magister en educación con énfasis en docencia universitaria y Licenciado en educación física de la U.P.N.; actor egresado del TPB; diplomado internacional en alta gerencia deportiva; docente universitario en el área de gimnasia de la U.P.N. y de la Universidad Distrital y de arte de la Universidad Libre y Santo Tomás.

Gimnasta activo durante 15 años, seleción Bogotá y Colombia en varias oportunidades; ex-campeón nacional, fue entrenador y juez de gimnasia; vicepresidente de la Liga de Gimnasia de Bogotá durante el período 1998-2000; conferencista en seminarios, talleres y cursos de educación física y gimnasia. Dirige su propia escuela de dobles para cine y televisión, utilizando la gimnasia como base para escenas de riesgo, doblando a los mejores actores del país y trabajando como actor en muchas producciones.

CARLOS JULIO AGUDELO RIOJA

Licenciado en educación física de la U.P.N, actualmente cursa el magister en educación con énfasis en docencia universitaria; diplomado de alta gerencia en organizaciones deportivas en Cuba y en la Universidad del valle.

Docente universitario en el área de gimnasia en las universidades: U.P.N, Libre, Incca y Cenda.

Ex campeón nacional de gimnasia durante los años 1974-1976. Entrenador de gimnasia por más de 20 años de selecciones distritales y nacionales. Expositor en congresos, seminarios y talleres de educación física. Presidente de la Liga de Gimnasia de Bogotá durante el período 1998-2002.

Editorial Kinesis
Deporte y Actividad Física
REVISTA KINESIS
QUEHACER DEL OCIO
SUJETOS CON CAPACIDADES DIFERENTES
EL LIBRO DE LOS DEPORTES 2 TOMOS
ACTIVIDAD FÍSICA Y SALUD PARA LA VIDA
NATACIÓN: TEORÍA Y PRÁCTICA
BALONCESTO BÁSICO: Técnica, Táctica y Prep. Física
FUTBOL DE SALÓN Preparación y Competición
VOLEIBOL BÁSICO: Fundamentos técnico tácticos
FUNDAMENTOS DE ADMINISTRACIÓN DEPORTIVA
ATLETISMO BÁSICO
MOTRICIDAD Y GESTACIÓN
PEDAGOGÍA Y DIDÁCTICA DE LA EDUCACIÓN FÍSICA
INVESTIGACIÓN CUALITATIVA
ESCUELA DE FORMACIÓN EN PORRISMO
BALONMANO
DIDÁCTICA DE LA ...ACIÓN FÍSICA DE BASE
EDUCACIÓN PSICOMOTRIZ
PROGRAMAS DE E.F. PARA PRIMARIA
EL JUEGO en la Educación Física Básica
editorial@kinesis.com.co - www.kinesis.com.co